AF579833

Fauteuil ou divan ?

Jean-Charles Bettan

Du même auteur

Essais

Un pas de deux

Petites leçons de psychothérapie

Guéris-moi, de l'hypnose clinique à l'hypnoanalyse

Romans

Épices

Tableaux de femmes

Le jeu de la main gauche

H, ma guerre

ISBN : 978-2-9562053-4-0

Nouvelle édition revue et corrigée

Dépôt légal : Mars 2023

EN GUISE D'INTRODUCTION

Comment parler de psychanalyse quand des milliers de livres ont déjà été écrits sur le sujet ? Comment, voulant volontairement faire court, raconter un continent ? En disant la saveur ? La force ? La profondeur d'une analyse ? Ce en quoi elle peut bouleverser une existence ?... Les mots de ce livre parleront sans doute à celles et ceux qui connaissent déjà l'univers de la psychanalyse. Mais c'est aux autres que je veux surtout m'adresser, à ceux qui hésitent, ne savent pas, se laissent influencer par des idées reçues. Je veux parler à ceux qui perdent du temps à croire aux baguettes magiques et qui n'ont pourtant qu'un désir : découvrir comment être libres.

Si cet ouvrage devait avoir une seconde vocation, ce serait de partager, avec les hommes et les femmes qui voudraient embrasser la profession de psychanalyste, un tout petit peu du chemin que j'ai personnellement parcouru. Non à titre d'exemple et encore moins de modèle ; seulement pour dessiner, si tant est que cela soit possible, les étapes par lesquelles il me semble impératif de passer, les obstacles qui se dressent un jour sur la route, les doutes qui nous assaillent avant que de franchir le pas, et parfois même après l'avoir franchi.

Les pages qui suivent réunissent des propos tenus dans des circonstances très diverses : séminaires, conférences, supervisions, interviews, congrès, ou plus simplement échanges avec des amis, des collègues et d'anciens analysants. Elles proposent également des textes ayant servi à la réalisation de séquences video diffusées sur mon site ou sur des réseaux sociaux. Si l'orthodoxie qui guide ma pratique est souvent mise en exergue, c'est qu'elle me paraît être, de la part d'un analyste, l'indispensable gage de respect et de sécurité vis-à-vis des hommes et des femmes qui s'engagent dans la grande traversée d'une psychanalyse.

*

LES ENTRETIENS

« Ils bâtissent avec des pierres et ils ne voient pas
que chacun de leurs gestes pour poser la pierre
dans le mortier est accompagné d'une ombre
de geste qui pose une ombre de pierre
dans une ombre de mortier.
Et c'est la bâtisse d'ombre qui compte. »

Giono

ÊTRE PSYCHANALYSTE

« Être », vraiment ?

Qu'est-ce que cela signifie pour vous, être psychanalyste ?

Déjà, je voudrais m'arrêter sur le verbe être. Être psychanalyste ne me semble pas possible. Le verbe être se rapporte à un état, c'est statique, c'est une fois pour toutes, c'est comme ça. Or, psychanalyste me paraît plutôt relever d'un mouvement permanent, évolutif, d'un devenir. C'est un processus qui modèle l'analyste avec chaque nouvel analysant, presque à chaque séance. Choisir le métier de psychanalyste, c'est accepter d'être en permanence remodelé. Donc, on n'est pas psychanalyste ; on le devient en permanence. Et puis, on ne peut séparer l'homme, ou la femme, d'un côté, et le psychanalyste d'un autre. Tout comme le psychanalyste est en constant devenir, l'homme ou la femme, le sujet est sans cesse remodelé.

Que voulez-vous dire par « remodelé » ?

Eh bien, après avoir reçu des centaines de patients, parfois pendant plus de dix ans pour certains d'entre eux, une à quatre fois par semaine, à force de les écouter raconter leur vie jusqu'au plus intime de leur quotidien, je ne sais si vous imaginez l'étendue du matériau auquel accède un analyste, un matériau protéiforme qui vaut toutes les bibliothèques du monde. Dans ces milliards de mots livrés avec ou sans pudeur, on entend, on découvre l'infinie diversité de la façon dont un homme ou une femme peut vivre sa vie. Il y est question de la mort, du sexe, du passé et de l'avenir, du désir et de l'enthousiasme, des grandes peines et des espoirs déçus. Ce qui se passe tout au long de la vie de l'analyste, je le vois comme une espèce de pesée permanente, une pesée faite à l'aune de tout ce qui a déjà été entendu auparavant. Un travail de mise en parallèle, de comparaison, de synthèse, une vision du même sujet sous de multiples angles différents. Et peu à peu, un travail d'intégration qui donne à voir à l'analyste quelque chose n'ayant plus rien de commun avec la vision première, seulement issue de sa propre histoire.

Si vous ajoutez à ce processus le lent travail que fait l'analyste sur lui-même, accompagné par son propre analyste, alors vous parvenez à une alchimie qui aide peut-être à comprendre que, sur un très grand nombre de sujets, l'analyste acquiert une perspective bien plus vaste, issue de l'expérience de vie de centaines de patients, tous uniques, singuliers.

Pouvez-vous imaginer tout ce que cela peut remettre en cause d'une façon profonde ? Des croyances évidemment, parfois même des valeurs, le possible et l'impossible, l'important et le négligeable… C'est une paire de lunettes souvent radicalement différente qui se propose ainsi à nous, peu à peu, tout au long de notre analyse personnelle, puis dans l'après-coup de l'analyse, puis pendant toutes les années d'exercice de la psychanalyse, en mutation permanente dans l'intimité de notre cabinet avec chaque analysant.

Et donc, dans cette conception dynamique du métier de psychanalyste, qu'est-ce que cela signifie pour vous, être psychanalyste ?

Les premiers mots qui me viennent sont exigence, recueillement, et renoncement. Exigence parce que ce métier demande énormément d'investissement personnel. Contrairement aux idées reçues, l'analyste s'implique, mais d'une façon bien particulière. J'ai envie de dire qu'il paie de sa personne, et non pas à cause de ce qu'il fait, ou qu'il serait obligé de faire, mais à cause de ce qu'il s'interdit de faire.

C'est-à-dire ?

Par exemple, il s'interdit de conseiller. L'analyste n'est pas un maître à penser. Il n'a pas les bonnes réponses, il ne dispose pas d'un savoir total, universel qui lui permettrait d'indiquer la meilleure direction, de faire le meilleur choix, de prendre la meilleure décision.

Ce serait donc une erreur de conseiller un patient ?

Oui, dans l'absolu. Et pourtant, il arrive parfois que cela ne soit pas évitable. Freud n'hésitait pas à parler de post-éducation à propos de la cure. Cela ne signifie évidemment pas qu'il faille s'ériger en maître, mais il arrive que quelque chose doive être dit de l'ordre du conseil, avec ce qu'il faut de forme pour ne pas être intrusif. Et puis, il y a les situations d'urgence, dans lesquelles manifestement le patient est en danger. Et là, c'est évident, il faut dire les choses clairement.

Vous avez dit exigence, recueillement et renoncement…

Oui, et l'idée de renoncement colle à ce que je viens de dire sur l'exigence. Être analyste, c'est renoncer au narcissisme. C'est renoncer à un quelconque ascendant sur le patient, que ce soit par le pouvoir ou par le savoir. J'ai envie de dire que c'est presque une ascèse que ce renoncement-là. Et elle fait partie à mon sens des fondements non discutables de la pratique analytique.

L'analyste serait donc silencieux ?

Principalement. Mais pas systématiquement. Renoncer au narcissisme, c'est de l'ordre de la progression. Un jeune analyste va peut-être devoir souvent penser *« Tais-toi, n'étale pas ta science, c'est l'autre qui a la parole, interviens juste à propos. »* Et puis, avec le temps, l'analyste a intégré cette contrainte. Une contrainte qui devient une évidence. Donc, silencieux parce que respectueux de la parole du patient. Mais pas muet. D'ailleurs, il arrivait à Freud de faire des cours express de psychanalyse à certains patients. Lorsque notre intuition nous dit que c'est le moment de dire certaines choses, alors il faut les dire.

Exigence. Renoncement. Et enfin le recueillement, disiez-vous.

Oui, par la force des choses. Être analyste, c'est faire l'expérience du recueillement. Être recueilli, se recueillir, c'est s'abstraire du monde extérieur et se tourner vers sa vie intérieure. Être à l'écoute de ce que l'on ressent. Être attentif à la façon dont la parole du patient résonne en nous. Limiter notre univers à cette bulle qui se forme dès lors que l'un se met à parler et que l'autre écoute. C'est cela, un travail d'inconscient à inconscient. Lorsque j'entends un jeune analyste me dire qu'il ne parvient pas à noter tout ce que dit le patient, je lui réponds *« Lâche, lâche, laisse passer, nous ne sommes pas des sténographes ni des scribes, reste flottant. »* Cette fameuse attention flottante de l'analyste, vous savez ? C'est comme un filet, une épuisette, avec la bonne taille de mailles. Juste assez large pour laisser filer la parole creuse. Juste assez fine pour recueillir la parole pleine.

Et puis, il y a l'autre versant du recueillement. Non pas se recueillir, mais recueillir. Cueillir, ramasser, capter quelque chose, un peu comme les abeilles recueillent le pollen sur les fleurs. Et peu à peu, rassembler en un tout des choses éparses, cueillies en des endroits différents pour voir naître, peut-être,... une interprétation.

C'est un métier difficile, psychanalyste ?

J'ai envie de reprendre la jolie phrase d'André Green qui disait *« C'est un métier éprouvant, mais si nous continuons à le faire, c'est parce qu'il y a de tels moments de grâce ! »*

*

ÊTRE PSYCHANALYSTE

L'arbre et les fruits

Après ce que vous avez vécu de la psychanalyse jusqu'à aujourd'hui, vos études, vos lectures, votre analyse personnelle, votre travail en cabinet avec des analysants, comment définissez-vous la psychanalyse ? Qu'est-ce que c'est pour vous, la psychanalyse ?

Il me semble plus difficile de dire ce qu'est la psychanalyse que de parler de ses conséquences. Je dirai que c'est une expérience singulière, l'expérience de la rencontre avec soi. Un lent travail d'éclairage et d'érosion, l'équivalent de fouilles archéologiques dans les grandes profondeurs de nous-même. Je trouve qu'il existe de nombreuses similitudes, de nombreuses analogies entre la psychanalyse et la philosophie, l'alchimie, les mythes et les symboles. Il est question de mort et de renaissance, du ponçage de la pierre brute, de l'abandon de la vieille peau… Il est question de transmutation de soi. Une espèce d'alchimie intérieure. Il y a déjà pas mal d'années, j'avais bien aimé ce qu'avait dit un analyste, je ne me souviens plus de son nom, à propos de sa propre analyse. Il disait *« J'étais comme Shéhérazade face au sultan, dans les Mille et une nuits. A chaque séance, je racontais une histoire, et une autre, et encore une autre, juste pour repousser le moment de la mort. »*

Au cours de vos séminaires, vous comparez souvent la psychanalyse à un arbre...

Oui, c'est vrai. Il y a la terre dans laquelle l'arbre s'enracine. Il y a bien sûr les racines. Il y a les branches. Il y a aussi les parasites, les maladies de l'arbre. Et puis il y a les fruits. Je trouve la comparaison plutôt… adaptée.

La terre, c'est la vieille Europe de la fin du 19ème et du début du 20ème siècle. C'est le terreau sans lequel probablement la psychanalyse n'aurait pu voir le jour. C'est dans cette terre que les racines s'agrippent et voient le tronc se dresser. Et le tronc, c'est bien sûr le père de la psychanalyse, Sigmund Freud. Ensuite, de nombreuses branches partent du tronc principal : les élèves, les amis, les disciples de Freud. Certaines branches sont plus fortes, plus solides, plus élancées que d'autres. Je peux les nommer Sandor Ferenczi, Mélanie Klein, et beaucoup d'autres encore.

Oui, et puis il doit y avoir une grosse branche nommée Jacques Lacan.

Effectivement, et c'est là que l'arbre commence à être attaqué par des parasites et atteint par des maladies. Car il y a une chose capitale à noter à propos de Lacan. Il ne faut surtout pas lier Lacan, le lacanisme, et les lacaniens. Lacan a indéniablement donné un nouvel élan à la psychanalyse. Il a innové, comme on dit. On peut aimer ou pas. On peut s'appuyer sur sa pensée ou non. Mais après sa mort, en 1981, alors que la psychanalyse avait retrouvé un essor en France, le lacanisme est devenu une véritable maladie. Un dogme, la croyance suprême, la pensée unique, le moule, c'est-à-dire l'opposé de la liberté propre à l'esprit de la psychanalyse. Et donc, il y a eu les lacaniens, les rejetons de Lacan, pas tous bien sûr, mais ceux qui avaient besoin d'un dieu et qui donc ont déifié Lacan, qui l'ont idolâtré au point de le mimer, de le bégayer, de répéter à l'envi ses mots, ses phrases, ses paraboles, quitte à déformer ou à inventer. Le lacanisme, et ces lacaniens-là qui ont mal digéré Lacan, ont fait à mon sens beaucoup de tort à la psychanalyse.

Votre tableau est plutôt dur…

Je m'autorise à penser qu'il est juste réaliste. Il suffit de voir comment la maladie a évolué. Les lacaniens que j'évoque - car entendons-nous bien, je ne veux pas généraliser, je parle seulement de ces intégristes pour lesquels il n'est point de psychanalyse hors de Lacan -, ces analystes-là étaient des enfants têtus, rigides, jaloux et capricieux. Chacun voulait le père pour lui tout seul. Ils se le sont déchiré. On a alors assisté à un éclatement du monde psychanalytique et ces dissensions ont eu d'énormes répercussions, tant à l'intérieur qu'à l'extérieur, auprès du grand public, c'est-à-dire auprès d'une patientèle potentielle qui s'est trouvée désorientée. Et là, en état de faiblesse, la psychanalyse a subi de nouveaux assauts.

C'est-à-dire ?

D'abord, la prolifération de ce qu'on appelle les nouvelles thérapies, qui ne sont que de nouveaux systèmes fondés sur la croyance en des résultats faciles et rapides, c'est-à-dire une norme parfaitement en cohérence avec ce que la société et sa culture généraient et continuent de générer de façon exponentielle. On a alors commencé à voir des psys se contenter de saupoudrer leurs nouvelles pratiques de vagues notions psychanalytiques qui n'ont fait que tromper davantage encore le public. La notion de pensée magique a pris de l'ampleur : il fallait adhérer à tel système, à tel mécanisme psychique et peu de voix se sont élevées pour dire qu'aucune pensée, aucun système ne pouvait être comparés à un système aussi vaste et élaboré que celui de la psychanalyse.

Et les neurosciences dans l'évolution de la psychanalyse ?

Je ne les oublie pas. Je ne veux surtout pas les oublier car je suis un fervent défenseur des passerelles qui existent entre l'univers des neurosciences et celui de la psychanalyse. Le problème ne vient pas des neurosciences, le problème vient des neuroscientifiques obtus qui veulent faire table rase des concepts analytiques. Depuis bientôt vingt ans, les découvertes soulignent les liens intimes qui valident à la fois l'un et l'autre des deux mondes. D'un côté la génétique, l'hérédité, de l'autre les événements d'une histoire toujours singulière, propre à un individu donné et qui font de lui un individu unique. C'est tellement plus constructif de rapprocher les deux mondes pour les faire s'enrichir et s'éclairer !

Revenons à notre arbre. La terre, l'arbre, les branches... Et puis, il y a les fruits de la psychanalyse...

Oui. Pour moi, les fruits d'une psychanalyse, ce sont avant tout la clarté, le choix, et l'acceptation d'une responsabilité bien plus large que celle que nous acceptions auparavant.

D'abord, de la clarté par rapport à nos représentations de nous-même, des autres, du monde. A savoir qu'il ne s'agit là que de notre réalité, d'une construction qui nous est propre. Donc à la fois une découverte, et ensuite un droit d'inventaire, si je peux dire.

Car de la clarté découle le choix. Un choix que nous n'avions pas auparavant puisque nous étions dans la répétition. Vous savez, le *« C'est ainsi, c'est le destin »*, ou encore *« C'est plus fort que moi. »* Eh bien voilà que, soudain, au bout d'un temps parfois très long, notre champ de vision s'élargit et nous montre des perspectives nouvelles, un arrière-champ plus vaste, des chemins inconnus, des pistes à défricher. Soudain, nous découvrons que nous avons le choix.

Cela semble pour vous un point capital, cette découverte ou cette acquisition du choix.

Oui, parce que avoir le choix et exercer ce choix fait peser sur nos épaules une responsabilité nouvelle, celle des conséquences de nos choix, pour nous-même, pour ceux qui nous entourent, et même pour la planète.

C'est-à-dire...

Eh bien, j'ai déjà eu l'occasion de dire que l'analyse ne nous fait pas seulement pétrir pour nous-même la pâte de la personne que nous sommes, je veux dire d'une façon purement égoïste. Quand nous commençons à investir réellement le mot JE, nous découvrons des choix possibles, et donc des responsabilités nouvelles dans de très nombreux domaines. JE suis un homme, un mari, un père, un oncle ou un grand-père. Je suis un ami, un amant, je suis un être vivant sur la planète Terre, un citoyen de mon pays, je suis un électeur, un consommateur, un habitant de ma commune, un voisin parmi les voisins de ma rue, etc. Peu à peu, le champ de notre JE s'ouvre en grand.

Vous connaissez peut-être la phrase d'Oscar Wilde : *« Soyez vous-même, les autres sont déjà pris. »* Oui, mais sais-je seulement qui je suis pour être moi-même ? Qui suis-je ? Voilà l'une des deux questions de fond en analyse. Une question dont la réponse ne cesse d'évoluer au fil de l'analyse.

L'analyse serait donc finalement une super-connaissance de soi ?

Certainement pas ! Ce serait un aveuglement que de réduire l'analyse à un exercice de connaissance de soi. Au-delà de la souffrance qui le fait entrer en analyse, au-delà de la découverte qu'il fait de lui, chaque patient a un projet de changement, même si ce projet est au départ dans l'obscurité totale. C'est cela, le plus important, ce projet qui peu à peu émerge comme la masse d'une baleine dans l'océan. C'est quelque chose d'abord de surprenant pour l'analysant, quelque chose de tout à fait inattendu. C'est étonnant, n'est-ce pas, de dire que c'est inattendu alors que l'analysant n'attend que ça, que quelque chose survienne. Et l'analyste n'a bien évidemment pas à peser ou à interférer dans ce que sera ce changement, ni sur la façon dont il se fera. Quel que soit le chemin que le patient prendra pour réaliser ce changement, cela doit être exclusivement son choix. Il le fera à son rythme, et il s'agira de son chemin à lui, pas d'un chemin qui lui aurait été suggéré par l'analyste.

D'où peut-être la déception de certains patients qui croient que le psychanalyste va les aider à changer ?

Peut-être. Vous savez, lorsque nous parlons, nous émettons toujours une demande. Or, dans le champ de la thérapie ou de la médecine, une réponse est naturellement apportée à une demande, à une souffrance. En analyse, il n'est jamais question de réponse, seulement de mise en question. Quant à la réponse, elle ne vient pas du psychanalyste.

*

ÊTRE PSYCHANALYSTE

La structure

Est-ce que les patients en analyse ont changé depuis une vingtaine d'années ?

Oui, c'est évident. Et cette évolution met en relief le fait que les sociétés modèlent véritablement les pathologies des hommes. A l'époque de Freud, la chape de plomb qui pesait sur la sexualité explique aisément les grandes structures du siècle dernier. Mais la société a changé. Le balancier de la sexualité est allé dans le sens opposé, à l'extrême opposé. Du grand interdit, on est passé à la plus grande permissivité. Par voie de conséquence, la structure des analysants a aussi évolué.

Cela signifie que l'analyste n'est plus aux prises avec les structures classiques ?

Effectivement. Il y a par exemple beaucoup moins de grands tableaux cliniques évocateurs de l'hystérie. On pourrait dire que, pour devenir acceptable par la société actuelle, l'hystérie s'est policée, elle s'est adaptée. Elle présente désormais un visage moderne, si l'on peut dire. D'ailleurs, dans sa demande de reconnaissance, elle va même jusqu'à réclamer une prise en charge par la société. Et même un remboursement par la sécurité sociale !

Vous voulez dire que l'hystérie est toujours là mais se présente différemment au clinicien ?

Je veux dire qu'à côté des quelques grands tableaux cliniques qu'un psychanalyste rencontre encore parfois dans sa pratique, les nouveaux visages de l'hystérie se nomment spasmophilie, fibromyalgie, et tant d'autres syndromes. Nous ne sommes plus dans le registre de la folie, vous voyez ? Nous ne sommes plus dans le domaine de la psychiatrie. Il y a quelque chose de plus propret dans la présentation, je dirai presque de plus admissible. Et pourtant c'est toujours le corps qui parle ! C'est comme s'il avait simplement changé de langue en traversant le temps. Mais c'est toujours lui qui a la parole.

Et pour les autres structures ?

C'est pareil. Il y a moins de névroses obsessionnelles dans leur description clinique la plus classique. En revanche, la phobie est toujours bien présente.

On dit souvent de la phobie que c'est une plaque tournante. Qu'est-ce que cela signifie ?

Cela signifie que l'on peut très bien vivre toute sa vie avec une phobie, à condition qu'elle ne soit pas trop invasive, trop aliénante. Tant que le mécanisme de défense de l'évitement nous permet de continuer à vivre sans trop d'angoisse, tout va bien. En revanche, si un accident de la vie fait monter un peu trop la pression, alors l'individu doit se trouver un arrangement plus complexe, plus élaboré. Il va peut-être se tourner vers la structure hystérique ou vers la structure obsessionnelle.

Ou encore passer de l'atteinte fonctionnelle à une atteinte lésionnelle ?...

Parfois. Dans ce cas, on entre alors dans le champ de la psychosomatique. Quoique la frontière est si floue que les avis divergent profondément sur le sujet.

Et alors, mis à part cette évolution des structures les plus classiques, qu'est-ce qui est différent aujourd'hui chez les patients en analyse ?

En premier lieu, avec le relâchement des cadres et ses conséquences, les traits pervers se banalisent. Il suffit de regarder la télévision ou les média en général. Il y a de plus en plus de voyeurisme, d'exhibitionnisme. Il y a de plus en plus effraction de l'intime, désirée ou non, acceptée ou non, pulsion à montrer, à exhiber. L'image est au centre, et donc le narcissisme et ses pathologies.

Qui dit cadre trop souple ou absence de cadre dit aussi possibilité ou volonté d'augmenter son pouvoir. Voilà pourquoi de nouvelles appellations sont entrées dans le langage courant. On parle de pervers narcissiques, on parle d'emprise, de harcèlement. Et puis, il faut aussi noter désormais la présence très forte des addictions.

Peut-on encore parler de structure ?

La notion de structure reste la base, le socle. Souvenez-vous de la métaphore du cristal de roche. Depuis le début, Freud a mis en avant la relation entre la génétique d'une part, et les événements de la vie d'un sujet toujours singulier d'autre part. C'est d'ailleurs à mon sens ce lien qui permet de faire passerelle entre neurosciences et psychanalyse.

Maintenant, peut-on parler, déjà aujourd'hui, de structures à propos des nouveaux tableaux cliniques qui se présentent à nous ? Je dirais que c'est trop frais. Parlons plutôt d'états, de champs aux frontières de… Ce que l'on appelle d'ailleurs les états limites. Quelque chose de changeant, de labile, de mouvant, pas clairement défini, sans contour vraiment net. Dans les états limites, voyez-vous, nous sommes dans un entre-deux, un territoire dans lequel on observe à la fois des défenses de type psychotique et des fonctionnements plutôt adaptatifs qui évoquent la névrose. C'est une autre navigation que celle à laquelle nous habituent les structures.

Cela veut dire qu'un patient état-limite qui décompense...

Eh bien, cela veut dire qu'il peut basculer du côté de la névrose, ou du côté de la psychose. Je pense qu'il va falloir continuer à observer les mutations des sociétés pour vérifier si certains traits se densifient et s'épaississent au point de former de nouvelles structures. Il est à mon avis trop tôt.

Et puis, il est impératif de conserver pour l'instant le référentiel des structures en psychanalyse. Sinon, l'on bascule du côté des thérapies x ou y qui réduisent l'individu à une somme de comportements.

C'est-à-dire...

Eh bien, appréhender un patient par un morceau de lui, si je peux dire, c'est le réduire à un ensemble de morceaux, comme en médecine ou en chirurgie. Dans la plupart des thérapies, on le réduit à une somme de comportements. Et donc, confronté à la plainte du patient, le thérapeute va s'efforcer de détordre un comportement présenté comme tordu, anormal, pas conforme, inhabituel, bref, en un mot : singulier.

Le psychanalyste quant à lui, ne porte pas une attention particulière au symptôme ou au comportement en question, sauf à le ramener à la question de la structure. Je veux dire par là qu'un analyste ne pose pas sur son établi le symptôme ou le comportement comme une pièce qu'il faudrait travailler, modifier, corriger, contraindre. Quelle que soit la plainte du patient, il va se demander : quelle est la structure de ce patient ? Et cette question-là, sur laquelle la plupart des thérapies font l'impasse, on ne peut pas en faire l'économie. Ce n'est pas du fanatisme, ce n'est pas obsessionnel, c'est un peu de lumière qui éclaire la scène thérapeutique et nous montre dans quelle direction aller, et où mettre - ou ne pas mettre - les pieds.

*

ÊTRE PSYCHANALYSTE

Le destin des illusions

La dernière fois, nous avons évoqué la notion de structure en psychanalyse. Il y a un autre thème sur lequel vous revenez souvent, c'est celui des illusions. Pour quelle raison ce sujet est-il aussi important pour vous ?

Comme toujours, je voudrais commencer par l'histoire. C'est capital de remettre un sujet, quel qu'il soit, dans son histoire. Et l'histoire de ce sujet, celui des illusions, c'est d'abord une position très différente chez Freud et chez Lacan. Chacun d'eux a eu une vision très personnelle de la place de l'illusion dans la vie, et de l'action de la psychanalyse sur les illusions.

Alors honneur au père, je laisse d'abord parler Freud. Quatre ou cinq ans avant la parution de son ouvrage *L'avenir d'une illusion*, le père de la psychanalyse se préoccupe déjà beaucoup du sujet.

Dans une lettre à Romain Rolland, il confie qu'il a *« passé une grande partie du travail de sa vie à détruire ses propres illusions, et aussi celles de l'humanité. »* Détruire ! Le mot est fort. Il dit le jusqu'au-boutisme d'une démarche qui ne s'accommode pas du moindre reste d'illusion dans la vie de l'homme. Ça, c'est la position de Freud.

Et puis, il y a celle de Lacan. Lacan qui, dans l'un de ses séminaires, aborde le sujet et assigne à la psychanalyse le but de *« guérir des illusions qui nous retiennent sur le chemin de notre désir. »* Ce qui montre bien qu'il s'agit pour lui de s'attaquer seulement à certaines illusions. Comme s'il était inévitable, ou indispensable, de conserver celles qui peuvent nous être utiles pour nous mettre en mouvement vers notre désir.

Vous rendez-vous compte de l'écart entre les deux positions ? D'un côté, détruire, sans concessions, sans survivance d'aucune illusion. On pourrait même tirer de l'écart entre les deux positions que pour Freud, même l'objet de notre désir est une illusion ! Et chez Lacan, guérir, et pas n'importe comment. Pas en tirant sur tout ce qui bouge. En choisissant ce qui peut être détruit, et ce à quoi il ne faut pas toucher.

Il y a tout de même un point d'accord entre les deux hommes...

Absolument. Dans guérir, on entend en effet chez Lacan que l'illusion est une maladie de l'homme, une maladie dont on doit le débarrasser, mais… Vous savez, un peu comme avec les microbes et les bactéries. Il y a ceux qui sont trop dangereux et qu'il faut éradiquer, et ceux avec lesquels on peut vivre en bonne intelligence ou sans trop de dommages. Pour Freud, il n'est pas question d'en conserver ; toutes les illusions sont nocives.

Et donc, ces positions si différentes dans ce qui est assigné à l'analyse doivent forcément avoir des conséquences dans les pratiques analytiques, et aussi dans l'idée que l'on peut se faire d'une fin d'analyse.

Tout à fait. C'est vrai pour ce qui a trait à la pratique. Un analyste imprégné de la conception freudienne aura tendance à accompagner le plus longtemps possible l'analysant jusqu'au point extrême, propre à cet analysant, dans la destruction de ses illusions. L'analyse lacanien agira évidemment différemment.

Quant à l'idée que chacun d'eux peut se faire de la fin d'une analyse, j'ai coutume de dire que le voyage analytique ressemble à un voyage en train. Et tous les voyageurs ne descendent pas à la même gare. Chacun s'arrête là où son désir le fait s'arrêter. Parfois, c'est une résistance qui le fait s'arrêter. Et parfois, le terminus ressemble à un territoire lunaire.

Une espèce de néant ?

J'aurais tendance à acquiescer à ce mot, à condition qu'il ne soit pas lié à une idée de désolation ou de désespoir. Ce serait trop simpliste...

C'est tout de même un peu difficile de voir de la joie dans le néant ! On a plutôt l'impression que ce qui suit l'analyse et la chute des illusions ne pourrait être que du désenchantement, une forme de désespoir...

Ce que je veux dire, c'est qu'une analyse poussée suffisamment loin serait une analyse où la désillusion prendrait le pas sur les illusions et éclairerait le tableau de la vie. Eclairerait au sens de mettrait de la lumière, n'est-ce pas ! Pas des guirlandes et des couleurs. Autrement dit : face à une évidence, on peut la refuser et se cabrer, ou bien l'admettre et faire avec.

Mais tout de même ! Faire avec plus rien ? Faire avec le néant ?...

Eh bien oui, faire avec le néant. Avec le néant plutôt qu'avec l'immédiateté de la jouissance. Avec le néant plutôt qu'avec les leurres de la consommation qui prétendent satisfaire nos désirs. Avec le néant plutôt qu'avec une science qui promet une santé toujours meilleure et pourquoi pas bientôt la vie éternelle...

Vous savez, au-delà de la mise en question, de la remise en cause de croyances, le mot qui me vient, c'est le mot risque. Prendre le risque de poser nos illusions sur l'établi de notre analyse personnelle. Prendre le risque pour chaque analysant de les étudier, de les travailler, de les déshabiller peu à peu. De les autopsier d'une façon clinique. Au risque de les voir s'éroder, se dissoudre, et parfois, un jour, s'effondrer.

C'est peut-être la raison pour laquelle certains disent que la désillusion serait le nom que donne la psychanalyse à la guérison...

Ecoutez, partout où la connaissance est en friche, la croyance s'enracine et prospère. Cela, c'est une évidence. Or, si parfois la croyance constitue le dernier rempart du sujet contre un néant qu'il ne parvient pas à admettre ou à supporter, il faut tout de même reconnaître que la plupart du temps, elle aliène, elle emprisonne, elle réduit. Alors oui, si souffler sur les illusions s'apparente à une forme de libération du sujet, pourquoi ne pourrait-on pas la considérer comme une guérison ?

Il y en a tout de même une, d'illusion, qui s'empare de l'analysant dès son entrée en analyse, c'est celle du transfert !

C'est vrai. Et c'est une illusion dont il doit se déprendre à l'issue de l'analyse. Voilà une aliénation qui, au départ, conditionne véritablement l'expérience analytique, et qui doit conduire à une liquidation. Une séparation qui préfigure la possibilité de vivre toutes les séparations ultérieures de façon radicalement différente de la façon dont on a auparavant souffert des séparations précédentes.

Mais l'objectif final de cette démarche de cette destruction, quel est-il ?

L'objectif ultime selon moi, c'est de permettre au sujet qui tourne la page de l'expérience analytique d'être en capacité d'affronter ce que Freud appelle *« la détresse »* dans *L'avenir d'une illusion*. A savoir que le père protecteur n'est plus là, il n'y a plus aucune promesse de sécurité, on est seul. Et il nous faut affronter et accepter la solitude. Il y a là quelque chose d'irréversible dans l'expérience analytique. Après ce franchissement, il n'y a pas de retour en arrière possible.

Et l'on ne peut envisager de rechute ? N'y a-t-il pas le risque d'un retour de certaines illusions ?

C'est toujours possible. Cela évoque à mon sens deux possibilités : soit l'analysant n'est pas allé au bout de la démarche, soit les croyances qui font retour lui sont nécessaires pour le tenir en quelque sorte, ou bien, comme le disait Lacan, elles lui sont peut-être indispensables pour avancer sur la voie de son désir.

*

ÊTRE PSYCHANALYSTE

Faut-il défendre la psychanalyse ?

Face aux attaques répétées contre la psychanalyse, est-ce qu'il vous arrive d'endosser l'armure du chevalier blanc ?

Je ne veux certainement pas ressembler aux opposants à la psychanalyse en devenant l'opposant à je ne sais quoi. Je ne connais pas beaucoup d'opposants honnêtes. L'honnêteté voudrait que l'on s'appuie sur des arguments objectifs pour poser une critique et faire progresser les choses. Mais quand je vois toutes ces attaques ad hominem, ces mensonges, ces incompréhensions, cela me désole. Déjà, savoir de quoi on parle ! Si je ne connais rien à la plomberie, je ne vais pas me hasarder à parler de plomberie. Et je ne vais certainement pas prétendre parler de plomberie au plus grand nombre si je n'ai jamais tenu un joint entre mes doigts.

On dirait que vous visez quelqu'un...

Je vise celles et ceux qui n'ont jamais posé une fesse sur un divan, celles et ceux qui prétendent connaître la psychanalyse et n'ont jamais lu Freud. Vous savez, faire s'indigner les gens, c'est facile. Cela ne coûte pas cher. Il suffit de quelques mots bien choisis. Les mots qu'il faut pour réveiller la haine, la jalousie, la rancoeur, l'amertume, la peur et la colère. On fait se lever des peuples pour peu de choses. Cela vous donne un sentiment de puissance ! On peut même, avec cette recette, faire des bouquins qui se vendent très bien. Oui, faire s'indigner les gens, c'est facile. Les faire s'interroger, les faire réfléchir, les faire penser, c'est autre chose. D'abord, c'est très ingrat parce que cela ne réveille rien de primaire. Cela s'adresse à la tête et donc c'est fatigant. Et donc, cela restreint le public auquel on s'adresse. Parler autrement de la télé, de la politique, de la société… cela n'intéresse pas grand monde ! Et alors, faire s'interroger sur soi, n'en parlons pas !…

Ces attaques contre la psychanalyse semblent vous toucher ?

C'est la bêtise qui me met en colère. Le doute et la remise en question sont choses normales pour qui réfléchit, mais l'attaque frontale d'un homme, de son histoire personnelle, de sa religion, l'attaque de ses théories sans même que d'autres propositions soient avancées, tout cela n'a rien à voir avec une démarche scientifique ou philosophique. Cela n'est pas synonyme de progrès. Pour être utile et efficace, la psychopathologie a besoin de s'appuyer sur un référentiel acceptable. Je ne parle pas de quelque chose de gravé dans le marbre. Toute base théorique a besoin d'être régulièrement interrogée quant à sa pertinence, c'est normal. Mais cette base a aussi besoin d'être reconnue comme valide par l'ensemble du monde qui va travailler avec elle. Et en psychopathologie, qu'on le veuille ou non, la théorie de référence aujourd'hui, c'est la théorie freudienne. La raison en est simple : elle reste à l'évidence l'ensemble le plus cohérent concernant l'organisation du psychisme et de sa pathologie.

Vous reconnaissez tout de même qu'elle a des concurrentes !

Bien sûr, et je ne les ignore pas. Mais qu'il s'agisse de l'approche neuro-anatomique et biologique, ou de l'approche comportementale, toutes deux n'offrent qu'un éclairage encore très partiel de l'activité mentale humaine. On ne peut pas comparer les trois approches quant à leur amplitude et à la pertinence du savoir. Qui plus est, je pense que l'on entretient à dessein la confusion quant aux objectifs de chaque approche.

Que faites-vous, à votre échelle, pour défendre ou promouvoir la psychanalyse ?

La meilleure façon de défendre la psychanalyse, si tant est qu'elle ait besoin de chevaliers blancs, c'est d'en parler clairement et avec simplicité. Expliquer que nos rêves, nos lapsus, nos actes manqués valent mieux que tous les blabla de tel ou tel thérapeute qui veut défendre son pré-carré et ses croyances. Expliquer que le symptôme dont nous nous plaignons est parfois ce que nous avons de plus précieux pour tenir debout, et ça, ce n'est pas évident de le dire à une personne qui en souffre justement, de son symptôme ! Expliquer que les silences de l'analyste sont là pour laisser le plus de place à la parole du patient et que c'est justement par la parole du patient que se révèle ce qu'il sait de lui sans qu'il le sache encore. C'est évidemment ingrat et chacun a sa façon d'en parler, plus ou moins clairement…

Après, c'est le patient qui a le dernier mot. En fonction de sa culture, de ses lectures, de son environnement, il fera le choix de telle ou telle démarche thérapeutique. Cela reste vrai pour tout choix, toute décision humaine. Encore faut-il que ce choix soit éclairé et non pas soumis à des influences utilisant la souffrance des hommes pour les manipuler.

*

CE QUE L'ANALYSE M'A APPORTÉ

Qu'est-ce qui vous a fait entrer en analyse ? Qu'est-ce qui vous a conduit à faire ce choix ?

Il ne faut pas se raconter d'histoires : au début, il y a évidemment une souffrance. Il arrive, bien sûr, qu'une personne entreprenne une analyse par curiosité intellectuelle ou dans une démarche... disons philosophique. Mais dans l'immense majorité des cas, c'est une souffrance qui nous fait pousser la porte du psychanalyste. Et on a beau avoir beaucoup lu sur le sujet, il y a un fossé, un abîme entre savoir quelque chose au sujet de la psychanalyse, et vivre une psychanalyse. D'ailleurs, moins on en sait, mieux c'est. Cela évite de voir s'édifier ou se renforcer des défenses. Il faudrait toujours se présenter en analyse comme un enfant nu. Et c'est d'ailleurs ce qui se passe, même si l'on tente de rester sur ses gardes. Le temps finit par avoir raison de nos fortifications. Tout comme les vagues de la nuit, qui viennent lécher les murailles des châteaux de sable édifiés par les enfants, et laissent au matin la plage aplanie. À un autre rythme, évidemment beaucoup plus lent, l'analyse effectue le même travail d'érosion. Un travail obscur d'effritement progressif des résistances. Et notre seul outil dans cette oeuvre d'usure et de désépaississement, c'est la parole, juste la parole.

Vous dites souvent qu'une analyse est un parcours vers le désir...

Oui, l'analyse, c'est d'abord un parcours. C'est-à-dire que l'on part d'un certain point, une espèce de virginité ou plutôt d'obscurité du savoir, et on arrive en un autre lieu, plus éclairé. Entre ces deux points, on a mis une lampe de mineur sur son front, on a pris la pelle et la pioche, et on a creusé. Sans connaître la carte du lieu. Sans savoir où se trouve le filon. Sans même savoir d'ailleurs s'il existe un filon. Pendant des années, on creuse, on descend toujours plus profondément dans les galeries de notre âme. Et là, dans les ténèbres, nous croisons des spectres, des momies, des monstres. Nous mettons à jour le matériau qui a déterminé et continue à déterminer notre existence : tout ce qui conditionne nos attirances et nos répugnances, nos peurs et nos croyances, nos choix affectifs ou professionnels, nos décisions, les orientations de notre vie dans tous les domaines. L'analyse jette sur notre existence une lumière crue, souvent dérangeante. Il faut bien comprendre la chose suivante : tant qu'on ne connaît pas ce qui nous a poussé vers ceci ou cela, nous ne vivons pas notre vie, nous ne l'investissons pas, nous ne la choisissons pas ; nous ne pouvons que la subir, en être la marionnette, l'occupant zombie qui traverse le temps de son existence sans savoir ce qui le pousse, l'attire, le guide, le rejette… Une vraie boule de flipper !

Et au bout de ce parcours ?…

Au bout, le lieu de notre désir. Après les réponses à la question *« Qui suis-je vraiment ? »*, vient parfois la réponse à *« Quel est vraiment mon désir ? »* Mon désir, et non celui dont je croyais jusque-là qu'il était le mien. Mon désir, et non celui de mes parents, de la société, de ma culture, de ma religion. Mon désir, cette espèce de rail qui soudain apparaît devant nous dans la brume et s'impose comme un trait vers demain, une flèche, une évidence. Une évidence qui, parfois, nous fait remettre en question des pans entiers de notre vie.

De quelle façon avez-vous vécu le temps de votre analyse ? Et aussi le temps en analyse ? La façon dont on perçoit l'écoulement du temps.

J'ai vécu douze années de psychanalyse. Deux ans avec un premier analyste, suite à ce que l'on nomme poliment un accident de la vie. Et puis dix années avec l'analyste qui m'a permis de descendre en moi, profondément. Le tout à un rythme hebdomadaire pendant les premières années, puis deux fois par semaine. Il arrive fréquemment que des patients me disent au bout d'un certain temps : *« Cela fait tout de même déjà cinq mois que je viens chaque semaine ou deux fois par semaine, et rien ne bouge. »* Ces patients ne sont toujours pas des analysants. Être en analyse, voyez-vous, c'est avoir intégré l'analyse à sa vie. C'est se rendre à ses séances comme on respire ou comme on se brosse les dents. Sans y penser. Simplement parce que cela fait partie de notre vie. Alors seulement, nous pouvons commencer à percevoir la matière ou l'esprit de l'analyse, selon les moments de notre travail sur le divan. Ce qui fait que le temps ne peut pas être perçu de la même façon en analyse et dans la vie profane, si je peux oser cet adjectif. L'analyse, ce n'est pas de la durée, c'est de la matière dans laquelle on plonge les mains, et un jour soi tout entier.

Pour autant, cette perception du temps ne signifie pas qu'il y ait d'une part le chemin ardu de l'analyse, et d'autre part la fin de l'analyse avec les résultats espérés. L'analyse n'est pas une longue parenthèse de laquelle on sort transformé. La vie ne s'arrête pas pendant le temps de l'analyse, et heureusement ! La transformation a lieu en permanence, tout au long de ce chemin encombré de caillasses, traversé de courants traîtres, éclairé parfois de jolis rayons de soleil.

Seulement, c'est toujours dans l'après-coup, comme on dit, que l'on peut vraiment ressentir ce que l'analyse a fait en nous et ce qu'elle a fait de nous. Tout simplement parce que c'est seulement dans l'après-coup que nous pouvons avoir une vision globale du chemin parcouru. Et c'est une toute autre perspective que celle qui nous voit cheminer pas à pas, séance après séance.

Finalement, sauriez-vous dire ce que l'analyse vous a apporté ?

Ce que m'a apporté mon analyse ?... C'est vaste, cette question ! Il y a selon moi des éléments partageables, et d'autres qui ne peuvent pas l'être. Parmi les choses qui peuvent être partagées, je dirai que la psychanalyse m'a appris qu'on en a jamais fini avec la vérité. Il peut toujours y avoir une vérité cachée derrière. Tout ce que l'on travaille en analyse nous apprend à nous méfier des explications trop spontanées, trop évidentes. Il y a ce que l'on croit être la vérité, et puis il y a l'ombre de la vérité. Quand vous allez voir ce qui se cache derrière un lapsus, un rêve, un fantasme, cela ressemble à des poupées gigognes. Cela me fait penser à cette phrase de Giono : *« Ils bâtissent avec des pierres et ils ne voient pas que chacun de leurs gestes pour poser la pierre dans le mortier est accompagné d'une ombre de geste qui pose une ombre de pierre dans une ombre de mortier. Et c'est la bâtisse d'ombre qui compte. »*

Eh bien, dans l'après-coup de l'analyse, tout ce parcours nous apparaît comme une école de l'humilité. À force de fréquenter l'inconscient, nous acceptons l'idée que plusieurs explications peuvent coexister, même si elles sont contradictoires.

L'analyse, pour moi, cela a donc été de la fraîcheur dans ma pensée, comme une maison dont on ouvre peu à peu toutes les fenêtres pour en aérer les pièces. Parce que voyez-vous, nous sommes tous remplis de certitudes, et l'expérience du divan soumet ces certitudes à l'épreuve de notre inconscient. Une épreuve implacable ! Et bien sûr, cela ne concerne pas seulement l'analysant que nous sommes. Le divan m'a préparé à occuper la place que j'occupe aujourd'hui derrière le divan. A savoir que la véritable approche clinique, ce n'est pas de faire dire à un analysant ce que l'on a envie d'entendre, c'est d'écouter ce qu'un sujet a à dire, de comprendre la représentation singulière qu'il se fait de lui, de l'autre, du monde. Alors oui, l'analyse est vraiment une école de l'humilité.

Humilité, et aussi ou peut-être surtout, école de la liberté !

Indiscutablement, l'analyse nous rend plus libre. Elle nous permet de briser nombre de chaînes qui étaient autant de limites, de peurs, de croyances toxiques, de dépendances, d'obligations. Avec les analysants, je compare souvent ces chaînes à un élastique dans le dos. Nous avons beau avancer, l'élastique nous ramène toujours en arrière. Et on peut passer des années à répéter que c'est la faute de maman ou la faute de papa ou de je ne sais qui encore. Un jour arrive où un petit quelque chose se passe qui nous libère de l'élastique. Et ça fait un bien fou. Là où nous faisions du sur-place, voilà que nous nous découvrons la possibilité d'être en mouvement. Ou si nous l'étions déjà, c'était dans un déplacement si étriqué ! Et voilà que nous découvrons une amplitude insoupçonnée de nos mouvements. Une amplitude possible. Quelle joie !

Donc, oui, l'analyse est une école de la liberté. Mais si l'analysant se laisse griser par cette sensation nouvelle, s'il imagine qu'il a franchi la ligne d'arrivée, alors il se trompe lourdement. Parce que la liberté impose des devoirs. C'est Bernard Shaw qui disait que liberté rime avec responsabilité et que c'est pour cette raison que la liberté fait si peur aux hommes. En nous offrant la liberté, l'analyse nous rend responsables de ce que nous allons faire de cette liberté, et c'est une responsabilité très lourde. Désormais, nous ne pourrons plus accuser tel ou tel des conséquences de nos actes. Nous n'aurons de comptes à rendre qu'à nous-même. Et nous ne devrons nous en prendre qu'à nous-même si le résultat de nos choix et de nos décisions n'est pas celui que nous espérions.

Une espèce d'honnêteté vis-à-vis de soi-même ?

Tout à fait. Parler d'école de la liberté à propos de l'analyse, c'est presque une évidence. Mais il faut aussi parler de l'honnêteté, parce que l'analyse nous oblige à nous confronter à ce qu'il y a de pire en nous. Elle nous force à nous regarder dans notre nudité la plus crue. Même s'il y faut du temps - le temps nécessaire à chacun -, elle nous permet d'en finir avec les *« Je suis plus ceci ou moins cela »*, *« Je suis plus que untel ou moins que lui »*, *« Mon zizi ou mes seins sont plus ceci ou cela »*... A force de poncer notre histoire avec la parole, on finit par en apercevoir le filigrane. Et dans cette transparence, on parvient alors à distinguer la profondeur, l'étendue de nos bassesses, de nos haines, de nos jalousies, de notre avidité, de nos désirs de destruction. L'analyse est aussi ce voyage jusqu'au plus profond de notre part d'ombre. Mettre en mots toutes nos hontes. Toucher le fond de nos désespoirs. Fouler les pavés des espérances déçues. Oui, c'est aussi cela, l'analyse dans certains de ses moments les plus tourmentés. Vous comprenez bien qu'au sortir de ces tempêtes, on ne peut plus porter le même regard sur nous. Là où d'habiles déguisements masquaient la noirceur, la lumière a révélé ce qui devait être révélé pour faire de nous un sujet entier. Non, nous ne sommes plus celui ou celle que nous imaginions être. C'est tellement facile d'être malade, de se plaindre, de se dire que nous sommes malheureux à cause de l'autre. Dans l'analyse, voyez-vous, il y a quelque chose d'impitoyable : à cause de, ou plutôt grâce à la lumière qu'elle fait naître dans nos ténèbres, il n'y a pas, il n'y a plus de place pour l'indulgence.

Parmi les sujets longtemps ressassés à propos de l'analyse, il y a celui de l'argent...

De la même façon que je n'ai jamais compté mon analyse en temps, je n'ai jamais compté non plus ce qu'elle me coûtait. L'argent que j'y ai mis tout au long de ces douze années, c'est un investissement bien plus rentable que l'or ou la pierre. Parce que ce que je me suis offert, c'est de la liberté. Je ne suis pas un consommateur. Acheter des objets, des biens, ne m'apporte pas de joie. Les objets nous attachent, nous asservissent. Que peut-il y avoir de plus précieux dans le temps de notre vie sinon la liberté d'en faire ce que nous voulons ?

Et puis, l'argent nous amène à la question de la demande. Elle nous permet de comprendre pourquoi on ne peut faire une analyse payée avec sa carte Vitale et remboursée par la sécu. Il faut payer pour gagner sa liberté. Si vous ne payez pas, vous allez balader votre désir d'objet en objet. Seulement, il n'y a pas d'objet comblant ! Un objet comblant, cela n'existe pas ! Et vous resterez toujours en demande de quelque chose, dans l'attente de quelque chose d'inatteignable, d'inaccessible, quelque chose que vous ne pourrez jamais obtenir. Votre demande restera inassouvie. La demande, c'est quelque chose qui doit être épuisé.

Et puis, j'ai envie de dire encore autre chose à propos de l'argent. S'il faut qu'une analyse nous coûte, s'il faut payer pour s'affranchir, il faut aussi que celui ou celle qui a le désir d'entreprendre cette aventure ait la possibilité de le faire. Le prix de la parole n'est pas le même pour tous les analysants et l'idée de la mutualisation me tient personnellement très à coeur. Dans ma pratique, chacun paie son analyse en fonction de sa capacité financière. Le plus important, c'est le désir de se remettre en question.

Si je reviens à la question de ce que vous a apporté votre analyse, il y a comme une insatisfaction de ma part. Je m'attendais presque à davantage de faits tangibles, de changements concrets...

Eh bien vous voyez, cela confirme que l'on ne peut finalement pas dire grand-chose de ce que l'analyse nous apporte, ce qu'elle fait de nous, ce en quoi elle nous transforme. Parce que ce chemin est d'abord une expérience existentielle, une expérience à vivre et non à raconter. Elle est de l'ordre de l'intime, de ce qu'il y a de plus intime. Le récit ne peut concerner autrui, c'est un récit avec soi, même s'il passe par l'adresse de l'analyste. Pour moi, l'analyse est la dernière grande aventure humaine. La plus riche, la plus dense, la plus vaste et la plus profonde. La plus bouleversante aussi, grâce à la rencontre de soi, ce soi que l'on pressentait peut-être, mais que l'on ignorait la plupart du temps. Chaque fois que l'on essaie de mettre des mots pour raconter une analyse, j'ai le sentiment qu'il ne s'agit que de la peau des dents, comme disent les Anglais. Juste un aperçu, une vision fugitive et forcément toute personnelle, propre à un sujet singulier. L'analyse, la seule, la vraie, c'est celle que nous ne pourrons jamais raconter parce qu'elle nous a pétri de l'intérieur, au-delà de l'explicable.

*

FRAGMENTS D'ENTRETIENS

Jour 1

Une psychanalyse, qu'est-ce que c'est ?

C'est le travail réalisé entre une personne qui parle et que l'on appelle un analysant, et un psychanalyste qui a lui-même vécu une psychanalyse personnelle très approfondie, et qui écoute.

Ce dernier point, celui d'une psychanalyse approfondie, n'est pas discutable ?

Non, aucunement discutable !

Avant de me décider, je pourrais donc demander à l'analyste s'il a bien vécu sa propre analyse et auprès de quel analyste il l'a vécue ?

Cela n'aurait à mon sens rien d'inconvenant, et je ne vois pas pourquoi un analyste devrait être gêné qu'on lui pose ce genre de questions. Vous ne poseriez évidemment pas la question à un médecin puisque, pour être médecin, il faut avoir fait x années de médecine. Mais un analyste ! J'ai envie de dire que ce sont même des questions qui doivent être posées car, depuis la fameuse loi sur les psychothérapeutes, nombre de praticiens prennent le titre de psychanalyste, qui n'est pas protégé, alors qu'ils n'ont pas vécu leur propre analyse. Ce sont de véritables dangers publics pour leurs patients.

Justement, l'univers de la thérapie est devenu une véritable jungle. Comment s'y retrouver ? Comment savoir ce qui serait bon pour moi, ce qui me ferait du bien, ce dont j'aurais besoin ? D'abord, pourquoi rentrer en analyse ?

Soit parce que vous souffrez trop et que vous vous dites que seul, vous n'y arrivez plus, que vous avez besoin d'aide ; soit parce que vous pressentez que votre vie pourrait être plus ceci ou plus cela, parce que vous ressentez un sentiment d'incomplétude, une insatisfaction, l'intuition d'une dimension plus vaste, d'une saveur plus forte, d'un sens plus clair, plus évident.

Oui, mais en état de souffrance, je pourrais tout aussi bien choisir autre chose, je veux dire une approche autre qu'une psychanalyse ?

Bien sûr ! Vous pouvez exprimer la demande d'une thérapie de soutien, vous pouvez entreprendre une psychothérapie, vous pouvez choisir telle ou telle approche qui vous parle. Il y a de très nombreuses portes auxquelles un individu peut frapper lorsqu'il ne va pas bien. Mais ce ne sera pas une psychanalyse.

Mais alors qu'est-ce qui fait la différence ?

Essentiellement la forme donnée à la démarche, la relation entre le thérapeute et le patient, les concepts sur lesquels se fondent les différentes approches. Le choix peut convenir, ou décevoir. On peut se sentir en phase, ou non. Et on aura parfois du mal à dire si l'on ne se sent pas en phase avec la forme de la thérapie, ou bien avec le praticien.

Bien, alors admettons que je fasse le choix d'entreprendre une psychanalyse. Comment je fais pour m'y retrouver parmi les obédiences ? Pourquoi parle-t-on d'analyses freudienne, jungienne, ou lacanienne ? Et comment sait-on quelle est l'obédience de l'analyste ? Et si c'est celle avec laquelle nous allons nous sentir en harmonie ?

Ecoutez, la psychanalyse n'a jamais été un bloc de marbre, et elle ne l'est toujours pas. Tout au long de la vie de son créateur, Sigmund Freud, elle n'a cessé d'évoluer, de progresser, pour devenir aujourd'hui le système le plus élaboré, le plus complet, celui sur lequel est assise toute notre psychopathologie, même si certains prétendent le contraire. Et cette évolution n'a pas cessé avec la disparition de Freud. Élèves et disciples ont poursuivi l'oeuvre et lui ont donné une envergure toujours plus vaste. Même du vivant de Freud, amis et élèves ont activement participé à l'enrichissement de la pensée et de la pratique psychanalytiques. De Sandor Ferenczi, l'enfant terrible, jusqu'aux analystes plus contemporains, tous s'accordent pour dire que la psychanalyse est sans cesse réinventée, et notamment par l'analyse personnelle du futur analyste.

Alors, pourquoi des orientations théoriques différentes ? Parce que même les psychanalystes sont des individus uniques, différents, singuliers. Ils ont chacun un parcours de vie unique, leur psychanalyse a été une aventure qui ne ressemble pas à une autre psychanalyse. Et puis, comme la vie, je le répète, la psychanalyse est en mouvement et c'est une bonne chose. Voilà pourquoi il est important, avant d'entamer une analyse, d'être en phase avec l'approche de l'analyste. Si on le trouve trop ceci ou trop cela, deux solutions : soit changer d'analyste, soit s'interroger sur ce qui fait que ça ne passe pas, et cette interrogation nous sera précieuse pour mieux nous comprendre.

Quelles qualités faut-il pour entreprendre une analyse ?

Je ne vais tout de même pas paraphraser Freud ! Je dirai juste qu'il faut du courage et de la persévérance.

Tout le monde peut faire une analyse ?

J'aimerais répondre oui. Toutefois, plusieurs paramètres viennent tempérer cette réponse. Tout d'abord, existe-t-il chez le patient un véritable désir d'entreprendre une analyse ? Le niveau de souffrance est-il tel que l'analyse apparaît comme la seule voie possible pour vivre autrement ? Est-ce que les croyances de la personne l'ont auparavant orientée vers d'autres formes de thérapie qui auraient donné des résultats insatisfaisants ? Etc. C'est la vocation des premiers entretiens que de faire le tour de beaucoup de questions. Car c'est un sacré engagement d'entrer en analyse ! Poncer, raboter, désensabler, enlever une à une toutes les couches qui nous alourdissent, nous déforment, nous handicapent, cela n'est pas une promenade de santé et tout le monde n'a pas envie d'une mue en profondeur. Il y a les adeptes du lifting ou du maquillage, et il faut aussi accepter le choix ou les limites de la capacité de changement de ces personnes.

Faut-il savoir quelque chose à propos de la psychanalyse pour entreprendre une analyse ?

Pas du tout. Avant d'être une théorie, une psychanalyse est une rencontre entre deux inconscients. Analyste et analysant ne sont pas réunis pour un travail de savoir, mais pour une communication de l'intime.

On parle souvent de la règle fondamentale en psychanalyse. De quoi s'agit-il ?

La seule règle qui permet l'analyse, et que l'analysant doit accepter dès le départ, c'est celle de l'association libre, c'est-à-dire le fait de dire tout ce qui vient à l'esprit, sans rien omettre. Ce n'est pas facile pour tout le monde au début ; il faut se faire à cette façon de mettre la pensée et la verbalisation en accord. C'est tout. La psychanalyse est une école de la liberté, elle n'enferme pas l'analysant dans un carcan de règles, de contraintes ou de croyances.

Dans le champ analytique, il existe seulement la psychanalyse ?

Pour donner une réponse brève à votre question, on peut dire que dans le champ des approches analytiques, il y a la psychanalyse pure, avec ses différentes orientations. Puis viennent des approches qui s'appuient sur les concepts analytiques, mais dont les protocoles s'éloignent de l'orthodoxie psychanalytique.

Pourquoi le jargon des psychanalystes est-il aussi imbuvable ?

Chaque jargon professionnel semble obscur et incompréhensible à ceux qui sont extérieurs à la profession concernée. Vous avez déjà entendu discuter des philosophes ? Des juristes ? Et même des philatélistes ou des numismates ?... Le jargon des psychanalystes, c'est la langue qu'ils utilisent entre eux, pour échanger et réfléchir. Mais le public en général, et les analysants en particulier, n'ont absolument pas besoin de parler ce langage, ni même de le comprendre. On peut parfaitement parler de psychanalyse, expliquer la psychanalyse, sans avoir recours à un langage incompréhensible par le plus grand nombre. Même une pensée complexe peut être exposée avec des mots simples.

Jour 2

Commençons par la question des symptômes. On entend dire qu'en psychanalyse, les symptômes ne sont pas importants aux yeux de l'analyste. C'est vrai ?

C'est-à-dire qu'il y a cette phrase un peu bousculante qu'on attribue, je crois, à Lacan : *« Vos symptômes ne m'intéressent pas. »* Ça, c'est la petite histoire, les coulisses, et c'est effectivement une phrase incompréhensible quand on ne l'éclaire pas. C'est une façon brutale de dire que la personne de l'analysant ne se réduit pas à un symptôme ou à un comportement, quand bien même celui-ci occasionne une grande souffrance. Que vous vous plaigniez d'une douleur chronique non organique ou que vous vous rongiez les ongles, que vous soyez d'une jalousie maladive ou qu'un trouble compulsif vous pourrisse la vie, cela n'a aucune importance. La psychanalyse vous considère dans votre entier. L'image du symptôme équivalant à la partie émergée d'un iceberg a maintes fois été utilisée. J'ai envie de dire qu'on peut à la rigueur considérer le symptôme comme le bout de fil qui dépasse d'une pelote de laine emmêlée. Il faut bien commencer par quelque chose, alors généralement l'analysant va commencer par tirer sur ce bout-là. Mais ce qui est très intéressant, c'est qu'au fil des séances, le symptôme laisse très vite la place à d'autres sujets.

Quels sujets ?

C'est différent chez chaque personne puisque chaque histoire est singulière. Et lorsque je parle d'histoire personnelle, j'ai envie d'attirer l'attention sur une idée reçue qui montre la méconnaissance qu'a le public de la psychanalyse. Combien de fois ai-je entendu la réflexion *« J'avais raconté toute mon histoire, je n'avais plus rien à dire ; mon analyse était alors terminée. »* Grossière erreur puisque c'est parfois à ce moment-là, lorsque le silence s'installe, que tout commence vraiment. Quant aux sujets évoqués au cours d'une analyse, ils sont innombrables. Tout doit pouvoir être abordé, parfois difficilement, avec réticence, honte ou colère, mais au bout du compte, on s'aperçoit toujours que la parole libère et éclaire.

Le psychanalyste est-il vraiment le praticien idéal à consulter lorsque l'on va mal ?

Si, dans votre souffrance, vous cherchez un étai, une béquille, un réconfort, alors vous faites fausse route. Le psychanalyste n'est pas là pour vous soutenir ni pour vous apporter des solutions. Il ne va pas vous consoler et vous conseiller de faire ceci ou cela pour vous en sortir. Il est là pour vous offrir un miroir vous permettant de voir de vous ce que vous ne pouvez pas voir, ni avec votre famille, ni avec vos amis, ni avec un thérapeute comportemental. De la même façon, à la sempiternelle question *« Est-ce que vous pouvez faire quelque chose pour moi ? »*, inutile d'attendre une réponse de la part du psychanalyste ; il n'y a pas de trousse de premiers secours, pas de recettes, pas de techniques standardisées qui permettraient d'apporter réconfort, bien-être ou solution. Le psychanalyste vous place devant l'obligation de partir à la découverte de vous-même, de votre vérité, de vos ressources et de vos limites.

Sur la question de la gratuité de la première consultation, quel est votre avis ?

J'estime qu'il n'y a strictement aucune bonne raison pour qu'une seule façon de faire prévale sur cette question. Certains analystes ont une logique consistant à dire que la première rencontre ne fait pas l'objet d'un paiement, et d'autres ont un avis différent. Pour moi, la première rencontre équivaut à une séance comme une autre. Elle marque une démarche, une volonté, un désir, un appel, une demande. Sauf exceptions, tout au long de la séance, l'analysant potentiel verbalise, il se raconte. Il n'y a donc pour moi aucune raison de faire de cette séance un acte gratuit. Ceci dit, cette non-gratuité ne remet absolument pas en cause le fait qu'à l'issue de l'entretien, il puisse y avoir, de part et d'autre, le choix d'aller au-delà, ou de ne pas donner suite. Mais quelle que soit la décision de la personne, et de l'analyste, le temps écoulé est un temps dû.

Qu'est-ce qui peut faire qu'un analyste refuse un patient ?

Plutôt que de donner une raison à un refus éventuel, je préfère souligner que si l'analyste ne se sent pas confortable, dirons-nous, en présence de telle personne, c'est qu'il y a une raison. Et que cette raison soit consciente ou non, elle doit faire partie du travail de contre-transfert de l'analyste. Cela ne veut pas dire qu'il ne nous arrive jamais de refuser ; cela veut juste dire qu'il est de notre devoir de nous interroger sur ce qui fait blocage.

La question de la fréquence des séances ...

Une question qui fait encore partie des tartes à la crème ! Sans faire preuve d'un quelconque intégrisme en la matière, et tout en reconnaissant que chacun a son propre rythme, je ne trouve pas productive une analyse qui n'aurait pas au strict minimum une fréquence hebdomadaire. L'idéal étant au moins de deux séances.

Cela signifie que vous refusez de travailler avec une personne qui voudrait ne venir qu'une fois tous les 15 jours ?

Je lui demanderais, à la fin du premier entretien, de prendre quelques jours pour réfléchir. Si elle maintient son idée, alors une analyse ensemble ne sera pas possible. Ce n'est pas à l'analysant de poser le cadre de l'analyse, surtout lorsque la condition exprimée par l'analyste est étayée par des arguments relevant de l'efficacité et ne repose pas sur un quelconque caprice. Ceci dit, je tempère ma réponse en admettant qu'il arrive parfois qu'une fréquence de deux semaines puisse être acceptée, soit lorsqu'il y a une impossibilité manifeste à venir plus souvent, soit lorsqu'il apparaît utile de démontrer au bout d'un moment à l'analysant l'aridité de sa demande, et donc sa responsabilité dans le résultat obtenu. Et puis, il y a les situations où la personne démarre avec une fréquence hebdomadaire et trouve ensuite des prétextes pour espacer les séances. Le contrat est alors modifié unilatéralement et cela impose un réaménagement du contrat de la part de l'analyste.

L'argent en analyse semble tenir une place importante...

Il tient d'abord une place capitale en tant que signifiant. Au fil d'une analyse en effet, c'est un sujet que l'on retrouve dans moult recoins, vêtu de tous les déguisements possibles. C'est aussi un sujet important parce que l'on n'achète pas une analyse ; on ne la paie pas comme on paierait un kilo de tomates. Et en disant cela, je ne suis pas en train d'évoquer l'aura de tel ou tel analyste qui justifierait un tarif plus élevé que d'autres, de la même façon qu'il y aurait de très belles tomates et des tomates moins belles, ce qui justifierait une différence de prix. Non, je parle de ce qui fait la valeur de la somme investie dans la démarche analytique par un analysant. En quoi la somme que je débourse à la fin de ma séance est-elle la somme juste ? C'est-à-dire la somme que j'estime être en adéquation avec le travail fourni et en rapport avec ma capacité financière.

C'est ce que l'on appelle le prix de la parole ?

Il arrive en effet que l'on demande à une personne quel est le prix qu'elle accorde à sa parole, ce qu'elle est capable de payer pour son analyse. Un étudiant qui a le désir d'engager une démarche analytique et qui, pour financer ses études et son analyse, travaille le soir et le week-end, montre par là-même l'importance qu'il accorde à sa démarche. Il lui sera donc demandé un montant en cohérence avec ses ressources, un montant qui lui permette de faire ce travail et surtout de le faire dans la durée. De la même façon, un chef d'entreprise à qui l'on demande d'annoncer ses revenus se verra réclamer un montant en cohérence avec sa capacité financière. Et puis, au-delà de ce que je viens de dire, cette idée d'une certaine mutualisation me tient très à coeur. Et bien évidemment, un large éventail de réponses apparaît lorsque l'on pose la question du prix de la parole. Il y a des réponses qui dénotent une dévalorisation, là où d'autres révèlent une grandiosité évidente. Il y a des réponses où l'on entend la capacité à lâcher, et d'autres où l'on sent une rétention presque vitale. En analyse, on doit être en mesure de parler d'argent avec la même facilité qu'on aborderait n'importe quel autre sujet.

Y a-t-il autre chose d'important par rapport à l'argent dans le cadre fixé à la cure ?

Il y a évidemment ce qui sera souvent la conséquence ou la manifestation des résistances. Une personne ne vient pas à sa consultation et n'a pas pris la peine de prévenir au moins 48 heures à l'avance : sa séance est due. Elle ne vient pas à une deuxième séance, toujours sans prévenir : cette deuxième séance est due. Elle ne vient pas une troisième fois : le contrat est définitivement rompu et l'analyse s'arrête.

Et si la personne rappelle plus tard ? Je veux dire quelques semaines ou quelques mois plus tard ?

Eh bien, il faut lui rappeler sa dette. Si elle désire reprendre son analyse, elle devra s'acquitter de sa dette. Rien que de très normal.

Évoquons encore quelques idées reçues. Parmi les critiques adressées à la psychanalyse, il y aurait le fait que la thérapie se passe seulement dans la tête et néglige le corps. Qu'en pensez-vous ?

J'en pense que c'est absurde. Cette idée est à mettre à la corbeille, comme beaucoup d'autres. N'importe quelle personne ayant fréquenté un tant soit peu le divan d'un analyste vous dira combien le corps parle à haute voix à de multiples reprises pendant une analyse. Il y a sur le divan autant de place pour les mots que pour les tripes.

Que répondez-vous à ceux qui disent : une psychanalyse, ça dure longtemps ?

Je réponds qu'il faut comparer des choses comparables. Longtemps par rapport à quoi ? Si c'est par rapport à la durée de vie de l'individu, alors c'est faux. Deux séances par semaine sur dix mois, cela fait soixante heures. Qu'est-ce que cela représente quand on compare cette durée au temps passé devant des nullités télévisées ou en voiture dans les embouteillages ? Qu'est-ce que cela représente par rapport au temps pendant lequel on souffre ? Au temps que l'on perd à ne pas vivre sa vie ? Si on trouve que c'est long par rapport à telle ou telle thérapie x ou y, alors je réponds qu'il y a deux façons de faire le ménage : on peut soulever le tapis et envoyer la poussière dessous avec le balai, ou bien on peut passer l'aspirateur. Vous pouvez trouver cela très orthodoxe, mais c'est ainsi. On ne peut pas comparer le travail d'un artisan ébéniste et celui de l'entreprise qui fabrique des meubles en kit.

Encore une question d'argent ? Le meuble conçu par un ébéniste coûte évidemment plus cher qu'un meuble en kit !

Non, je vous ai dit il y a un instant que le montant des séances est très souvent adapté aux ressources de l'analysant.

Pourtant, parmi les idées reçues, il y a aussi le fait qu'une analyse coûte cher...

Encore une fois : cher par rapport à quoi ? Soixante-quinze pour cent des consultations chez les généralistes ont pour objet des troubles fonctionnels. Ce sont souvent des somatisations, c'est-à-dire une expression par le corps d'un conflit qui, une fois conscientisé et verbalisé, se trouve résolu. Là où la médecine va donner des anti-quelque chose sur la durée et participer ainsi au déficit de la Sécurité sociale, la psychanalyse va à la source du problème. Alors, bien sûr, vous pouvez me dire que, d'un côté, l'argent sort de la poche de la sécurité sociale alors que, d'un autre côté, il sort de la poche du patient. Oui, c'est vrai et cette responsabilisation devrait être évidente. Je le répète souvent : tant que vous n'acceptez pas au moins une part de responsabilité dans ce qui vous arrive ou ce dont vous souffrez, alors vous n'avez aucune prise sur les choses et donc aucun moyen d'aller mieux. Payez votre guérison ou votre changement et vous gagnerez en autonomie. Passer sa vie à dire que c'est la faute des autres, des parents, du destin, des microbes ou du temps qu'il fait ne fait en rien progresser.

Bon, j'ai compris qu'une analyse dure évidemment plus longtemps qu'une thérapie symptomatique...

Attendez, une dernière remarque ! A l'époque de Freud, les analyses pouvaient durer six à dix mois. S'il n'en est pas forcément de même aujourd'hui, c'est parce qu'à l'époque, les séances étaient quotidiennes. Si vous revenez à ce que nous disions tout à l'heure à propos de la fréquence, alors évidemment, si une personne veut une seule séance par semaine, elle ne fera pas son analyse en six mois. Là encore, c'est une question de responsabilité. Le choix que fait chaque analysant doit être assumé dans toutes ses conséquences.

Mais ce temps-là, c'est tout de même un temps très long avant que l'on obtienne le résultat souhaité !

Une psychanalyse ne doit pas mettre l'individu en suspens, elle ne l'enferme pas dans un placard jusqu'au terme du travail thérapeutique. La vie est là, jour après jour, et l'analysant doit continuer à être dans le mouvement de la vie. Se focaliser sur l'objectif final est nuisible ; d'ailleurs peu d'analysants s'accrochent à cette idée. Très rapidement, ils se rendent compte que chaque pas compte, chaque instant, chaque séance. Pour reprendre une idée orientale qui colle parfaitement bien avec l'analyse, je dirai que le chemin est bien plus important que la destination. L'analyse est un processus, c'est quelque chose de vivant, d'évolutif.

Et la psychanalyse guérit toujours ? Elle fait toujours disparaître le symptôme qui occasionnait la souffrance initiale ?

Non, elle ne guérit pas toujours parce que ce n'est pas l'objectif premier d'une analyse. Elle guérit parfois, et c'est alors le bénéfice supplémentaire. Mais le bénéfice premier est si... capital ! On n'est pas le même après une analyse que celui ou celle que l'on était auparavant. La psychanalyse nous apprend tellement de choses sur nous-même ! Des choses qui nous aident à vivre autrement, bien ou mieux. Elle nous donne envie de devenir libre, sans plus nous prendre les pieds jour après jour dans d'obscures questions sur le père, la mère, l'enfance, le corps, et j'en passe.

Oui, la psychanalyse, c'est une école de la liberté qui nous aide à nous affranchir de cette part de nous que nous ne comprenons pas et à devenir nous-même. Elle nous permet de créer notre vie. Contrairement à la réponse apportée à la demande qui consiste à vouloir redevenir comme j'étais avant mes douleurs ou mes souffrances, la psychanalyse vous place devant l'obligation d'inventer la suite de votre vie, et différemment de ce qu'elle était hier et avant-hier.

Jour 4

Le film Dangerous methods, qui relate les relations entre Freud et Jung, a fait beaucoup parler. Que dites-vous à ceux qui trouvent l'attitude de Freud trop rigide ?

Il faut replacer les choses dans leur contexte, c'est important de toujours revenir à l'histoire. Si Freud avait accepté de laisser la psychanalyse aller dans le sens souhaité par Jung, nous en serions arrivés à ce que Freud dit à un certain moment du film : *« Ce serait simplement remplacer une illusion par une autre illusion. »* Or, l'analyse a pour but de se défaire des illusions de toutes sortes, j'ai insisté sur ce point. Elle veut faire découvrir au sujet la part de liberté qu'il se refuse. S'il s'agit de l'enfermer dans une croyance tout aussi limitante que celles dans lesquelles il est déjà contraint au quotidien, alors c'est raté. Je partage pleinement cette réflexion, que l'on retrouve d'ailleurs également dans le film : que mon analysant croie en Jésus, en Bouddha, en la réincarnation ou aux tables tournantes, c'est son droit, mais cela n'a pas sa place dans une analyse.

Ou du moins, l'intérêt que l'on pourrait accorder à ces sujets résiderait dans le fait d'inviter l'analysant à aller voir ce qui se cache derrière.

Cela fait un peu intégriste...

Je préfèrerais que vous parliez d'orthodoxie. L'orthodoxie, c'est ce qui permet de préserver le socle, tout en acceptant d'observer les bouleversements de la société et d'en tenir compte dans l'évolution de la pratique. L'intégrisme, au contraire, consiste à figer dans le marbre une pensée, une croyance, une pratique, sans tenir aucun compte des évolutions de la société.

Au mois d'avril 2012, le Nouvel Observateur a titré « Faut-il brûler la psychanalyse »...

Oui, comme chaque année ! Chaque année, on voit revenir les mêmes titres accrocheurs dans une poignée de magazines. La psychanalyse, la franc-maçonnerie, les nouveaux régimes minceur, la vie secrète de Jésus, le mystère du point G et j'en passe... Ecoutez, au-delà de la préoccupation qui consiste à vendre du papier, je peux parfaitement admettre que le monde de la psychanalyse a aussi ses fanatiques. Je peux concevoir que certains comportements ont nui à la psychanalyse. Mais je ne comprends pas cet acharnement. Dans de nombreuses prises de position anti-psychanalyse, il y a de la mauvaise foi et souvent une évidente méconnaissance de l'histoire. Pourquoi faut-il toujours opposer les démarches alors qu'au bout du compte, c'est le patient qui fait son choix ? Laissons-le choisir ! Mais au moins, laissons-le choisir sans le manipuler ! Parce que ce que je déplore, c'est l'inévitable part de manipulation, ou en tout cas d'influence, qu'il y a dans ces entreprises. Le public ne peut pas ressortir vierge de ces lectures, il s'imprègne forcément, tel une éponge, de ce qu'on stigmatise comme étant une imposture. Et il est normal que les attaqués se défendent. C'est franchement lassant !

En une phrase, qu'est-ce que vous auriez envie de dire aux lecteurs de ce genre de dossiers ?

Je dirai que si la psychanalyse doit bien évidemment continuer à s'interroger sur les évolutions de la société, elle ne doit pas pour autant accompagner ces évolutions dans toutes ses errances. Elle ne doit surtout pas s'adapter à ces évolutions *« parce qu'il faut s'adapter et que c'est normal de s'adapter et qu'il faut vivre avec son temps »* et autres sornettes. Voyez-vous, l'état d'esprit anti-psychanalyse reflète parfaitement le modèle sociétal dans lequel nous nous embourbons jour après jour. Le vocabulaire de ce modèle, c'est : vite, plus vite, tout et tout de suite, pas de douleur, beaucoup d'argent, une image qui brille, un rail sécurisant, une modélisation, jeune, toujours jeune, longtemps jeune, la culture de la norme qui rassure, la chaleur du troupeau. Bref, c'est tout sauf la singularité de ce qui fait un sujet. Je dis bien : un sujet, et non pas un individu normé. Alors, non, la psychanalyse ne doit surtout pas aller dans le sens de cette évolution. Elle n'a pas à participer à la consolidation d'une société qui prône et favorise le clonage des individus. Elle doit de la même façon demeurer à distance de tout ce qui respire le DSM, cette machine à réduire l'individu en une somme de comportements.

Le DSM ?...

Ce manuel diagnostique, cette espèce de bible terrifiante qui nous vient d'outre-Atlantique et qui, en sa cinquième édition, découpe de plus en plus un individu en tranches fines, désignant comme anormal n'importe quel trouble présenté par l'individu. Avec le DSM, nous sommes dans une clinique des troubles qui vise à redresser, à détordre, pour normaliser des individus. Tout l'opposé de la clinique du sujet proposée par la psychanalyse. Adopter la vision du DSM, c'est tourner le dos au vent de liberté que fait souffler la psychanalyse, refuser ce côté subversif, disons-le, qui la caractérise et qui prône la révélation de sujets riches de leurs singularités.

Jour 5

Revenons sur les critiques formulées à l'encontre de la psychanalyse...

Stop ! Soit nous évoquons des critiques qui peuvent faire progresser la réflexion, soit nous arrêtons d'arroser le désert !

Je voulais parler de ce nouveau livre sur Freud...

Eh bien justement, il s'agit d'un livre sur Freud et pas sur la psychanalyse. Voyez-vous, il y a dans l'histoire de la critique deux périodes bien distinctes. Si vous remontez aux années 70, l'époque a effectivement été fertile car les critiques adressées à la psychanalyse ont permis de faire progresser la pensée et la pratique psychanalytiques. Cela a été une période constructive. Depuis dix ou vingt ans, nous sommes entrés dans une période de destruction ; la critique a été pervertie, nous sommes passés de la critique de la psychanalyse à une critique de l'homme. Les vendeurs de papier qui sont à l'origine de ces écrits collent à l'esprit du moment : faire le buzz et en tirer profit. J'ai le sentiment de voir des petits enfants jaloux de la puissance de leur père et qui hurlent à sa mort. La plupart de ces auteurs n'ont jamais posé les fesses sur un divan, ils ne se sont jamais confrontés aux mystères de leur inconscient et ils deviennent les hérauts des thérapies expéditives et de l'industrie pharmaceutique. Et que l'on ne vienne pas me dire qu'ils n'en sont pas conscients ! Confondre croyance et connaissance est une erreur impardonnable de la part de personnes ayant suivi un minimum de cursus universitaire. Ce sont ces mêmes personnes qui sont déjà et seront responsables pour longtemps des conséquences de ce rouleau compresseur intellectuel et médiatique anti-psychanalyse qui conduit de plus en plus de malades à chercher un recours dans la pensée magique.

C'est quoi, la pensée magique ?...

C'est la thérapie qui promet la guérison en trois séances. C'est celle qui vous promet d'effacer votre karma et de vous en fournir un tout neuf. C'est celle qui fait disparaître les angoisses, les phobies, le mal-être en claquant des doigts ! Bref, c'est cet univers imaginaire qui n'a rien à faire du Sujet avec un S majuscule. Qu'elle existe, c'est un fait. Que des personnes en souffrance y aient recours et qu'elles s'en trouvent soulagées, tant mieux. Lorsque je pratiquais moi-même l'hypnose en thérapie brève, je répondais à ce type de demande. Mais que cette demande soit favorisée en avançant des arguments pseudo-scientifiques, que l'on pare de vêtements neufs des protocoles vieux comme le monde, que l'on présente comme de la science ce qui n'est que de la croyance, c'est insupportable parce que cela ne respecte pas celui auquel on s'adresse.

Vous avez l'air de dire que ce serait un crime de vouloir évaluer la psychanalyse...

Ce n'est pas un crime, c'est une aberration ! On ne peut pas localiser l'inconscient par IRM, petscan ou ce que vous voulez. On ne peut pas comparer ce qui n'est pas comparable. La psychanalyse est un choix personnel, un chemin qui ne peut se raconter justement parce qu'il est toujours singulier. Ce n'est pas un protocole qui pourrait être soumis au microscope de la méthode expérimentale. Le grand tort de toutes ces critiques, c'est qu'elles sont clairement manipulatrices.

Voyez-vous, la psychanalyse ne fait pas de prosélytisme. Justement parce que entreprendre une analyse résulte du choix d'un sujet. Ce qui est insupportable et manipulateur, de la part des média et de la part des professionnels adeptes des nouvelles approches, c'est le prosélytisme. Et les analystes qui voudraient s'aventurer dans cette voie seraient eux-mêmes dans l'errance.

Les critiques envers la psychanalyse auraient donc toujours tout faux ?

Non, pas toujours parce que tout n'est pas parfait dans l'univers de la psychanalyse. Mais que la critique sache critiquer pour faire progresser, pas pour détruire. Que la critique n'abîme pas le désir propre à celui ou celle qui souhaite aller chercher au plus profond ce que la plupart croient désormais trouver juste sous la surface.

Donc, vous reconnaissez que tout n'est pas parfait dans le monde de la psychanalyse. Il y a aussi des psychanalystes qui s'égarent...

Bien sûr qu'il y en a qui s'égarent ! Ceux qui parlent une langue étrangère et qui vivent repliés dans leur petit monde. Ceux qui restent accrochés aux branches d'un arbre desséché. Ceux qui croient détenir la seule vérité qui vaille. Ceux qui ne voient pas changer la société. Ceux qui se disent psychanalystes et qui sont des dangers publics en prétendant accompagner des analysants alors qu'ils n'ont pas effectué de thérapie personnelle.

Avez-vous une proposition pour que les guerres intestines entre toutes les approches s'apaisent ?

Ecoutez, Il y a des comportementalistes qui passent une grande partie de leur temps à tirer à boulets rouges sur la psychanalyse. Et il y a des psychanalystes qui passent de même une grande partie de leur temps à tirer sur les TCC ou à se défendre des agressions de ces dernières. Soit ces gens n'ont pas suffisamment de patients, soit ils sont rentiers. Au choix. Est-il vraiment si difficile d'accepter que chacun est libre de choisir ce qui lui parle au plus intime ? A condition bien sûr, comme je l'ai souligné au feutre rouge, à condition que le choix ne soit pas biaisé par avance, dû au passage d'un rouleau compresseur médiatique ?

Les TCC et la psychanalyse, ce sont deux mondes différents. Seulement, les différences n'apparaissent pas clairement aux yeux du public et bien souvent, la vision des futurs patients s'en trouve déformée. La première différence est de taille, et elle ne touche même pas encore à la personne du thérapeute. C'est la vision que vous avez de votre souffrance. Considérez-vous qu'il faille procéder à la réparation d'une pièce précise de votre mécanisme psychique ? Vous vous positionnez alors dans ce que l'on appelle la clinique des troubles. Troubles de ceci ou de cela.

A l'opposé de cette conception, peut-être considérez-vous que vous êtes un tout, dont les différentes pièces du corps et de la psyché sont interdépendantes, et que c'est donc en tant que sujet, que vous avez besoin de vous interroger. Vous êtes alors dans une vision psychanalytique de votre souffrance. Dans le premier cas, vous vous orienterez vers un praticien comportementaliste. Dans le second cas, vers un psychanalyste. Si les choses étaient toujours présentées ainsi, si l'information était claire et objective de part et d'autre, si les règles de la morale en communication étaient respectées par toutes les parties, alors qu'est-ce qu'on vivrait sereinement !

*

LES TEXTES

« Toute analyse compte de longs temps de travail obscur et patient, de progressif effritement des résistances, qu'au détour du chemin une ultime intervention fait tomber, donnant à penser faussement à quelque naïf qu'elle constitua tout l'ouvrage alors qu'elle n'en fut que le dernier point. »

Racamier

LA PSYCHANALYSE EN BREF

On demande souvent à quelqu'un qui a vécu une analyse d'expliquer en quoi consiste cette démarche, ce que c'est vraiment qu'une analyse. Eh bien, on ne peut pas l'expliquer. On peut, certes, en dire des tas de choses, mais on ne peut pas l'expliquer. La seule façon de comprendre ce qu'elle est, c'est d'en faire une. S'engager totalement sur ce chemin, c'est prendre conscience, grâce au phénomène des associations libres, des significations inconscientes de nos paroles, de nos actes, de nos rêves, de nos fantasmes. C'est mettre en lumière, à l'issue d'un lent et long travail d'investigation, notre part d'ombre. Une recherche soutenue par les interprétations de l'analyste, lequel contrôle en permanence ce que j'appellerais la température de la résistance, du transfert, et du désir.

Donc, l'analyse, c'est une cure par la parole. Et à propos de parole, la place de l'analyste a souvent été caricaturée, ou pire encore confondue avec celle d'un praticien intervenant dans le cadre de ce qui s'apparenterait à une thérapie de soutien ou à une simple écoute thérapeutique. Alors, clarifions un peu. Déjà, le rôle du psychanalyste ne saurait consister à formuler un quelconque jugement, moral ou autre, sur l'analysant. Il n'a pas non plus à délivrer des conseils sur ce qu'il pense être la meilleure façon de mener sa vie. Il occupe dans la relation analytique une place fort différente de celle de l'analysant. En effet, dans cette relation, vécue exclusivement dans la parole et le silence, l'analysant parle (ou se tait, cela dépend des phases de l'analyse), tandis que l'analyste écoute. Et qu'est-ce qu'il écoute ? Eh bien à la fois la parole de l'analysant et son propre inconscient. Il s'agit donc d'une relation dissymétrique, vécue de façon bien différente par chacune des parties, et au sein de laquelle tout passage à l'acte, notamment d'ordre sexuel, est prohibé.

Tout au long de l'analyse, l'analyste a à supporter le plus large éventail des sentiments et des émotions de l'analysant. Il lui faut parfois, pendant des temps très longs, accuser des charges agressives aussi bien que des charges positives pouvant aller de la simple tendresse à l'érotisation la plus forte. On comprend que, dans cette perspective, Freud ait parfaitement pointé les trois qualités indispensables à tout analyste : *« du courage, du courage, et encore de courage. »*

Contrairement à une autre idée reçue, il ne s'agit pas pour l'analyste de chercher à faire le bien du patient, et encore moins de lui dire ce qui lui ferait du bien, mais d'instaurer une relation au sein de laquelle ou grâce à laquelle l'analysant parviendra à faire émerger son désir. Quelle est-elle, cette relation ? Eh bien, le psychanalyste a envers l'analysant une attitude distanciée que l'on nomme habituellement *neutralité bienveillante.* Il s'agit d'un degré d'empathie suffisant pour que les désirs inconscients de l'analysant puissent s'actualiser sur la personne du psychanalyste. Sur celui-ci en effet, l'analysant va pouvoir, grâce à cette relation affective de transfert, projeter et répéter des conflits archaïques qui seront éclairés par les interprétations de l'analyste. C'est dans cette relation de transfert que se joue tout le processus thérapeutique et ce, jusqu'à sa dissolution, c'est-à-dire jusqu'au terme de l'analyse.

La psychanalyse, c'est donc une méthode d'exploration du psychisme humain. Elle s'appuie pour cela sur les rêves, les lapsus, les actes manqués, ce que l'on nomme les formations ou les manifestations de l'inconscient. J'aime bien comparer le travail analytique à un formidable jeu de pressions dans lequel l'analysant recherche le meilleur équilibre possible entre ses pulsions et les exigences sociales du moment. Exigences qui, au nom de la socialisation du petit d'homme, imposent de renoncer à un certain nombre de satisfactions pulsionnelles, en limitant autant que faire se peut une dose de frustration indispensable à la vie en société et que nous devons accepter.

Que peut-on dire de plus ? Que l'analyse est une quête de changement individuel ? Un changement individuel dont Freud a dû espérer en son temps qu'il pourrait à terme influer sur le tissu social. Quête de changement volontaire également, faut-il le préciser ? On n'envoie pas quelqu'un en analyse, on ne peut obliger quelqu'un à faire une analyse. C'est une démarche dans laquelle on s'engage, sans savoir encore qu'elle conduira à la mort de quelque chose et à une renaissance symbolique, celle d'un sujet dégagé, allégé de ce qui a pu lui être imposé par des instances extérieures. Bref, un sujet plus libre qu'il ne l'était avant son analyse.

*

QU'EST-CE QU'UN « BON » PSYCHANALYSTE ?

Qu'est-ce qu'un bon psychanalyste ? Est-ce qu'il existe de mauvais psychanalystes ? Si oui, qu'est-ce qu'un bon ou un mauvais psychanalyste ? Dans chaque épisode d'une série que j'ai mise en ligne sur internet, j'ai laissé la parole à des analystes qui se sont exprimés sur le sujet : André Green, Isi Beller, Jean Clavreul, et Laurence Bataille (entretiens avec Daniel Friedmann en 1983). Je vous invite évidemment à écouter avec attention ce qu'en disent ces professionnels reconnus dans la collection de films issus de ces entretiens. Mais j'aimerais également vous proposer dans ce chapitre une brève synthèse de ce que j'ai retenu de la pensée de chacun d'eux. Et d'abord, mettre en exergue une affirmation partagée par tous : un mauvais analyste serait celui qui, malgré une culture livresque de la psychanalyse, n'aurait pas une longue expérience du divan. Sans une analyse personnelle approfondie, le praticien représente en effet un risque majeur pour le patient qui vient le consulter. Cela devrait conduire chaque candidat à poser sans scrupules les questions auxquelles aucun analyste sérieux ne saurait se dérober : *« Avec quel analyste avez-vous vécu votre analyse personnelle, et combien de temps a-t-elle duré ? »* Si l'analyste rechigne à répondre, s'il se dérobe en répondant par une autre question, il est préférable de fuir. Ce conseil est d'autant plus valable depuis une dizaine d'années. En effet, depuis la loi sur le titre de psychothérapeute, un très grand nombre de praticiens exerçant auparavant avec ce titre se sont retrouvés dans l'obligation de se doter d'une nouvelle appellation. Les instituts de formation ont bien compris comment s'adapter et ont créé le titre de psychopraticien. Quant aux psychothérapeutes déjà en exercice, ils se sont très souvent tournés vers une appellation libre, celle de psychanalyste, et ce, dans l'immense majorité des cas, sans avoir jamais posé une fesse sur un divan. Alors oui, ces praticiens représentent des dangers publics et le candidat à une analyse doit prendre ses renseignements avant de s'engager dans une voie qui risquerait de lui coûter cher… à tous points de vue. Comme le dit si bien André Green, *« C'est la vie des gens que nous avons entre nos mains. »*

Le deuxième point que je souhaite évoquer est le cas de ces patients déçus ou choqués par un premier entretien avec un analyste et qui prennent rendez-vous avec un autre praticien. Le patient confie alors à ce second analyste combien sa rencontre avec le précédent s'est mal déroulée et pour quelles raisons il estime qu'elle s'est mal déroulée. Ce récit ne saurait permettre de porter un jugement sur le premier praticien. Pourquoi ? Parce qu'à part des comportements déplacés, grossiers, inadmissibles, ce qui s'est passé entre le patient et l'analyste lors du premier entretien est déjà entaché par le transfert ou, si vous préférez, par les projections que le patient effectue inconsciemment sur l'analyste. Que celui-ci lui soit apparu comme bourru, indifférent, peu empathique, brutal dans ses propos… peu importe ; tout cela relève essentiellement de ce que le patient a perçu de l'analyste en fonction de son histoire personnelle et non pas d'éléments objectifs issus de la personne de l'analyste. Il suffit alors de quelques questions pour que le patient se rende compte de ce qui s'est réellement passé. *« Vous a-t-il rappelé quelqu'un ? Par son physique ? Sa façon de vous parler ? De vous regarder ? Qu'avez-vous ressenti ? Aviez-vous déjà ressenti cela ? Dans quelles circonstances ?… »* Un analyste aguerri saura permettre au patient de comprendre ce qui a provoqué son rejet, sa peur, sa haine lors de sa rencontre avec l'analyste précédent. Et donc d'être plus au clair avec les projections dont il pare les sujets de son environnement.

Le troisième point qu'il me tient à coeur de souligner a été clairement évoqué par Jean Clavreul : l'analyste doit avoir conscience de son insuffisance, ce qui fait de l'analyse, pour celui ou celle qui la pratique, un renoncement au narcissisme. Par ailleurs, si le fait de savoir écouter le patient est évident, savoir s'écouter soi-même est au moins aussi important. S'écouter, c'est être attentif à tous ses mouvements intérieurs, à ses transferts, à son désir. Parce que c'est bien en fonction de ce qu'il reçoit de lui-même que l'analyste sera en mesure de rester à sa juste place et d'envisager éventuellement une autre façon de conduire la cure du patient. Une belle leçon d'humilité, et à la fois une invitation à la pleine conscience de soi.

Enfin, c'est Laurence Bataille qui pointe trois erreurs que le psychanalyste ne devrait jamais commettre. D'abord, parler de lui, ce qui biaise forcément l'analyse. Ensuite, oublier que chaque patient est toujours un sujet singulier, ce qui objectise le patient et réduit la psychanalyse à de la psychologie. Et enfin, donner un conseil, ce qui semble parfois très difficile, voire impossible lorsque certaines situations l'exigent.

*

PSYCHANALYSE « PURE » ?

Il arrive parfois que l'on me demande si je fais vraiment de la psychanalyse pure. Evidemment, je réponds en demandant à la personne ce qu'elle veut dire précisément par psychanalyse pure. Et là, les explications se révèlent souvent plus que floues. L'expression a été lue par la personne dans un magazine, ou sur un site, sans pour autant que son auteur ait explicité la chose. Et puis, l'adjectif *pur* a de quoi fasciner, à une époque où tant de substances néfastes à notre santé se trouvent subrepticement glissées dans notre alimentation ainsi que dans nombre de produits de notre vie quotidienne. J'ajouterai que cet adjectif laisse peut-être entrevoir le pouvoir qu'aurait une psychanalyse pure de nettoyer quelque tache psychique, quelque honte, bref de purifier le candidat des eaux troubles qui l'habitent.

Comment expliquer d'une façon simple qu'il n'y a qu'une seule psychanalyse ? Et que, en même temps, il y a des psychanalystes, chacun d'entre eux ayant été façonné d'une façon singulière par sa propre psychanalyse. Bien sûr, il y a des orientations théoriques ; il y a des freudiens, des jungiens, des lacaniens. Il y a des orthodoxes et des libéraux. Au fond, peu importe la monture de la paire de lunettes que porte l'analyste, pour peu que les verres soient les verres par lesquels une analyse peut trouver à être vécue. C'est-à-dire, et j'insiste tout particulièrement sur ce point, pour peu que cette paire de lunettes respecte au plus juste l'intégralité du territoire de l'analysant par l'absence d'une quelconque influence. C'est là la tâche la plus ardue, lorsque l'on sait que le moindre mot émis par l'analyste constitue une forme d'influence.

Et puis, éclairons davantage ce qui se passe lors d'une toute première rencontre entre un psychanalyste et un nouveau patient. Si celui-ci formule très clairement son désir d'entreprendre une analyse, alors une psychanalyse pourra être mise en oeuvre, après les entretiens préliminaires indispensables à cette entreprise. Entretiens préliminaires qui auront également permis de faire préciser ce que la demande laisse entendre, à savoir que le patient sait en quoi consiste une psychanalyse.

Si le patient évoque en revanche ses symptômes, ses souffrances, et la nécessité pour lui d'effectuer un « travail sur lui », alors tout est possible. Une thérapie de soutien relativement brève aidera certains à surmonter un obstacle ponctuel. Une psychothérapie en face-à-face plus longue apportera à d'autres les clés nécessaires pour franchir une étape importante de leur vie. Le recours à une technique particulière facilitera pour certains le franchissement en question, qu'il s'agisse d'hypnose clinique ou d'autres approches utilisées avec compétence et éthique. Enfin, il arrivera parfois que les premières semaines ou les premiers mois de psychothérapie conduisent le patient à souhaiter travailler plus profondément. Auquel cas, le passage du fauteuil au divan conduira à initier une véritable psychanalyse.

Celle-ci sera-t-elle alors aussi pure que si elle avait démarré sous les auspices d'une demande d'analyse ? Non, évidemment puisque, comme le précisait à juste titre Freud, il y aura eu une préhistoire entre l'analyste et le patient. Dans ce cas, il s'agira plutôt d'une forme intégrative de psychanalyse, c'est-à-dire une approche qui, tout en s'appuyant sur les concepts analytiques, aura recours d'une façon plus ou moins fréquente à une ou plusieurs autres approches. Selon les écoles, on parlera alors de psychanalyse intégrative, ou encore d'hypnoanalyse, de somato-analyse, etc. Mais quel que soit l'intitulé de la démarche, l'important sera que le socle sur lequel s'appuie l'ensemble de la démarche demeure bien fidèle aux concepts de la psychanalyse originelle. Il restera alors dans l'entreprise un peu de cette pureté de la psychanalyse pure, et si vraiment le patient aspirait toutefois à une pureté supérieure, il ne lui resterait plus qu'à quitter l'analyste et à entreprendre alors une analyse avec un nouveau psychanalyste.

*

PRÉLIMINAIRES

Est-ce que l'on entre en psychanalyse comme on entre en thérapie ? Que ce soit du côté du psychanalyste, aussi bien que du côté du futur analysant, la réponse est non. La différence peut paraître minime aux yeux du plus grand nombre, et pourtant ! Cette différence réside dans ce que l'on appelle aujourd'hui les entretiens préliminaires, et que Freud appelait le *traitement à l'essai*.

Lorsque vous choisissez de vous faire aider par un thérapeute ayant recours à une technique de thérapie brève, le traitement commence assez souvent dès la première séance. Patient et praticien savent à peu près pendant combien de temps ils se côtoieront. Le transfert est sinon suscité, du moins utilisé par le praticien comme un levier puissant. Le but de la démarche commune consiste généralement à ramener le patient à un état antérieur à celui de l'apparition du symptôme ou du comportement handicapant.

En psychanalyse, les choses sont bien différentes. D'abord, ce n'est pas parce que vous vous adressez à un psychanalyste que cette adresse équivaut à une demande d'analyse. Est-elle clairement formulée, cette demande ? Ou ne l'est-elle pas ? Si elle l'est, alors il faut en passer par l'étape des entretiens préliminaires. Ceux-ci sont tout simplement indispensables, et on peut même dire que c'est de ces entretiens que dépend souvent l'issue de l'analyse.

Vous pourriez pourtant vous dire que la présence d'un symptôme chez le patient suffit amplement. Eh bien non, elle ne suffit pas. Il y faut le degré supplémentaire des entretiens préliminaires. Une espèce de passage, de seuil à franchir. Et n'allez surtout pas considérer ces entretiens comme la simple occasion de dessiner le cadre de la relation. Si l'établissement d'un contrat clair et précis est indispensable, l'objectif premier des entretiens préliminaires n'est pas là. Il réside en grande partie dans la nécessité de poser un diagnostic de structure.

Lorsque j'utilise le mot diagnostic, ce n'est évidemment pas pour évoquer une quelconque évaluation à l'américaine qui emprunterait au modèle médical ses critères, ses mesures de capacité, ses degrés d'analysabilité, etc. Le diagnostic de structure, c'est d'abord ce qui va donner à la cure son orientation, selon que la structure du sujet sera névrotique ou psychotique. Une illustration parmi les plus évidentes est demeurée gravée en moi depuis le jour où mon analyste m'a fait la remarque suivante : si l'on n'entend pas de la part du patient la reconnaissance d'une part au moins de responsabilité dans ce qui lui arrive et dont sa plainte est la résultante, alors il ne faudra certainement pas inviter ce patient à s'allonger sur le divan. On restera dans un dispositif fauteuil-fauteuil.

Le diagnostic de structure est également une mesure de prudence. En effet, l'exercice de l'association libre, propre à la démarche analytique, possède ses contre-indications. Il présente parfois des risques notables de décompensation pour une structure psychotique qui n'aurait pas été détectée dès le départ.

On comprend donc mieux les deux intérêts majeurs des entretiens préliminaires. On voit bien les raisons d'en passer impérativement par ces prémisses avant d'engager véritablement un travail analytique. Faute de respecter ce temps de diagnostic, et sans pour autant s'en aveugler, sans non plus coller une étiquette définitive dans le dos du patient, le risque est grand de réduire à néant par avance tout ce qui pourra être entrepris.

Je veux être encore plus précis concernant la notion de diagnostic. Je ne l'ai jamais caché, je nourris envers le DSM une aversion profonde. Comment mieux nier le sujet et sa singularité sinon en s'appuyant sur cette bible qui réduit l'individu en morceaux de souffrance qualifiés de troubles ? Avoir une bonne connaissance des structures psychanalytiques et pressentir une structure est une chose, poser un diagnostic définitif comme on colle un code-barres sur un objet, c'est autre chose. Un diagnostic, ça fige, ça arrête le questionnement. Pire, ça crée un rail dans la pensée du thérapeute, des oeillères qui empêchent ce dernier de voir un autre possible. Poser un diagnostic, c'est ce que fait un expert quand il visite un appartement, quand il soulève le capot d'une voiture, quand il ouvre un ventre pour regarder l'état des entrailles. Bien sûr, c'est capital d'en poser un quand il s'agit de différencier un individu névrosé en quête de sens d'un sujet psychotique déconnecté de la réalité. Toutefois, au-delà de cette distinction, l'établissement d'un diagnostic limite, entrave les possibilités du thérapeute d'entendre un sujet se dévoiler peu à peu. Le diagnostic, c'est comme une croyance : j'y crois et donc je ne vois que ce que je crois. Pire encore : le diagnostic établi présente pour le thérapeute le risque d'encourager inconsciemment les traits du diagnostic posé. Autrement dit : je crée ou je stimule la création de manifestations de ce en quoi je crois. Nous ne sommes plus alors dans le cabinet d'un psy ; nous sommes à Lourdes.

*

PSYCHANALYSTE ET CITOYEN

Mes aventures sur les réseaux sociaux (1)

Il y a encore quelques années, j'étais farouchement opposé à toute idée de participer aux échanges sur les réseaux sociaux. J'aurais pu à la rigueur créer un groupe exclusivement composé de proches et d'amis, et user des réseaux pour partager les petites et grandes nouvelles de la vie. Je ne l'ai pas fait parce que d'autres moyens de communication étaient déjà à ma disposition pour remplir cette mission.

Il y avait une autre raison, professionnelle celle-là, et que comprennent sans aucun doute celles et ceux d'entre vous qui ont déjà un petit bagage analytique.

Et puis, à force de décortiquer jour après jour une partie de la masse d'informations déversées par les média, je me suis dit qu'il était impossible d'occuper pleinement ma place de citoyen sans réagir, sans permettre à des mots de circuler pour faire, parfois, écho chez d'autres. Je l'avais fait pendant la première partie de ma carrière, je ne pouvais pas me cacher derrière le prétexte du divan pour faire silence. Un jour, j'ai donc commencé à alimenter un compte Facebook et à réagir sur un compte Twitter.

Si je demeure persuadé que la place d'un analyste est d'abord derrière un divan (et surtout pas à amuser la galerie sur un média quelconque !), je suis également convaincu que le choix de notre métier n'implique pas seulement un engagement au côté des analysants. L'analyste est d'abord un citoyen, et s'il veut occuper cette place de citoyen, toute cette place, alors il doit aussi s'impliquer dans la vie de la société. Dire ce qui le touche, le bouleverse, l'horrifie, donner son sentiment, dire ses accords et ses refus, mettre son coeur et sa raison en mots. S'engager.

Mais pas seulement ! Pas seulement parce que la présence sur les réseaux sociaux peut également servir la citoyenneté d'une autre façon. Être présent, c'est réagir pour vérifier une information, pour démonter les rumeurs, pour faire circuler des prises de position importantes, courageuses, éclairantes. C'est en quelque sorte veiller, chacun à sa place et à son échelle, sur la démocratie, se montrer présent et intransigeant face à toute forme de désinformation, de manipulation, de prise de pouvoir, d'emprise.

Bien sûr, ce choix demande un peu de temps. On ne réagit pas à une information sans prendre la peine de la vérifier. Mais je trouve que cela en vaut la peine, pour le plus grand nombre d'entre nous, aussi bien pour confirmer un événement ou une affirmation que pour l'infirmer, lorsque cela est nécessaire.

Voilà pourquoi, lorsque je lis parfois qu'il est décevant de me voir intervenir sur les réseaux sociaux, je veux répondre que cela fait partie de ma place de citoyen. Et si certains ne veulent pas occuper cette place, quelle qu'en soit la raison, moi je compte bien continuer à l'occuper. Même si le résultat en est modeste. C'est ma part du colibri.

Mes aventures sur les réseaux sociaux (2)

Je suis resté pendant presque un an sur Twitter. Je voulais savoir de quoi il s'agissait. Voir autant de monde avoir un compte twitter m'intriguait. J'ai donc passé huit mois environ sur ce réseau. Je me suis abonné à une centaine de comptes et j'ai eu entre 70 et 80 abonnés au mien. Les centres d'intérêt qui ont guidé mes abonnements étaient la politique intérieure et internationale, la laïcité, mais aussi le whisky, les baisers de cinéma, la photographie. J'ai fréquenté virtuellement des personnes charmantes, polies, attentionnées, passionnées, respectueuses dans leurs échanges. J'ai croisé aussi des personnes d'une inculture crasse, dont les réactions ne méritaient pas même le caniveau. J'ai souvent lu la haine, l'agressivité, la résurgence des instincts les plus bas. Et puis, il m'est arrivé de vérifier avec surprise et déception ce que j'ai souvent lu et dont je me demandais si j'allais un jour en faire les frais. Je veux parler de cette haine de la psychanalyse, crûment manifestée par des personnes semblant parfois disposer d'une solide culture générale.

Vous savez peut-être que lorsque l'on crée un compte sur Twitter, on ajoute quelques mots de présentation : la profession, ou une passion, ou encore un trait de caractère. Moi, j'avais mis ma profession. Ce jour-là, je venais de réagir à un message d'un journaliste fort connu sur la politique internationale et j'avais répondu par cette phrase attribuée, à un mot près, à la fois à Montesquieu et à Joseph de Maistre : *« Les peuples ont le gouvernement qu'ils méritent. »* Et là, je reçois de la part de trois personnes des messages totalement inattendus. Je pensais accueillir des réponses argumentées, qu'il s'agisse d'accords ou de désaccords. Pas du tout ! Il était répondu à mon intervention en m'agressant en tant que psychanalyste et non pas en tant que citoyen. Là, en quelques phrases, lâchées par trois personnes différentes, j'ai vu se déployer, d'une façon viscérale, la haine brute envers la psychanalyse et ceux qui font partie de cet univers.

Deux mois plus tard, c'est sur ma chaîne Youtube que j'ai fait à nouveau l'expérience de cette violence. Les écrits les plus connus de Freud, ainsi que l'exposé de certaines hypothèses de ma part concernant des pathologies actuelles, ont reçu des commentaires là encore inattendus. Un professeur de psychologie m'inonde de messages en renvoyant les internautes sur un site démolissant la psychanalyse. Un internaute se cachant derrière un pseudo se contente d'insultes et va jusqu'à demander si je suis pour ou contre l'ablation du clitoris pour traiter l'hystérie. Bref, ce degré de haine et de violence me surprend. Alors, j'ai repris des textes de Paul-Laurent Assoun, d'Elisabeth Roudinesco, de Liliane Fainsilber et d'autres encore, à la recherche d'explications de cette haine de la psychanalyse. Ce que j'ai lu ou relu ne m'a pas apporté autre chose que ce que je supposais déjà. A savoir que l'une des oppositions les plus farouches envers la psychanalyse a pour origine l'horreur pressentie par ceux chez lesquels la psychanalyse ferait éclater le vernis des certitudes et du bien-propre-en-soi. Ceux dont l'image brillante serait soudain ternie, aux yeux des autres et d'abord à leurs propres yeux, par la découverte de la part la plus noire qui, qu'on le veuille ou non, somnole au fond de chacun de nous, à l'instar de ces monstres antédiluviens décrits par Lovecraft.

Quant aux thèmes à propos desquels haine et violence trouvent à se déchaîner, ce sont toujours les mêmes.

D'abord, la jalousie : nous, psychanalystes, nous dispensons de passer par des études en faculté et nous nous contentons d'une analyse personnelle. Il est sûr qu'aucun de ces critiques ne résisterait à quelques séances seulement de psychanalyse. La peur serait trop proche de soulever quelques voiles bien opaques et d'oser regarder dans les yeux ce que les ténèbres de notre inconscient risqueraient de nous révéler.

Ensuite, la facilité : les analystes ne font rien, ils écoutent, c'est un métier facile. Opinion extérieure totalement erronée sauf à être passé par le cabinet de faux psychanalystes se contentant de faire ce que l'on appelle de l'écoute thérapeutique et qui n'a strictement rien à voir avec la psychanalyse.

Enfin, l'argent. Ah, l'argent ! les psychanalystes gagneraient facilement de l'argent, beaucoup d'argent. Il est vrai que tous les psychanalystes n'ont pas la même éthique. Je considère personnellement que si un étudiant ou un jeune qui entame à peine sa vie professionnelle a le désir ou le besoin d'entreprendre une analyse, il est normal de lui permettre de vivre cette aventure avec les moyens dont il dispose. En revanche, si la demande émane d'un chef d'entreprise, c'est à ce dernier de contribuer à la mutualisation permettant à ceux qui ont moins de moyens de vivre une analyse.

L'argent et la jalousie, couple maudit, vieille pathologie française, bête immonde toujours prête à hurler ! Mais que nous apprend donc l'histoire ? Encore faudrait-il que l'histoire continue à nous être apprise pour ensemencer la mémoire. Moi, j'ai quitté Twitter. Je fréquente d'autres réseaux. Comme il n'existe pas de monde parfait, je fais la part des choses.

*

LA QUESTION DU CADRE

Il fut un temps où la majorité des gens ployaient sous le poids d'un surmoi trop tyrannique. Il est certes encore aujourd'hui des sujets qui souffrent de trop de surmoi, mais il en est beaucoup plus qui font souffrir autrui pour cause d'un surmoi réduit à des miettes. Évolution des structures oblige (je l'évoque dans plusieurs textes de cet ouvrage), même si l'analyste n'est pas là pour *reparenter* qui que ce soit, il a pour tâche de faire respecter un cadre sans lequel il n'y aurait pas de psychanalyse possible. École de la liberté, oui, mais pas une liberté exercée au détriment d'autrui !

Vous connaissez le poème de Victor Hugo intitulé *La conscience* ? C'est un poème qui parle du surmoi et de la culpabilité. Caïn vient de tuer son frère Abel et il s'enfuit pour échapper au châtiment de Dieu. Lorsqu'avec sa famille, il fait halte, il aperçoit un œil qui le fixe dans la nuit. Il fuit encore jusqu'à la mer et se croit en lieu sûr. Mais à la nuit tombée, l'œil est toujours là qui le regarde dans le noir. Caïn continue à fuir et cherche mille moyens de se protéger de ce regard qui le fixe jour et nuit. Il se cache sous des tentes de peaux de bête, il fait construire un mur de bronze, une enceinte de tours, une ville entière avec des murs ayant l'épaisseur des montagnes. Mais l'œil est toujours là qui le regarde. Alors Caïn demande à ce que l'on creuse une fosse dans laquelle il descend, il demande à ce que l'on referme la fosse.

« Quand il se fut assis sur sa chaise dans l'ombre
Et qu'on eut sur son front fermé le souterrain,
L'œil était dans la tombe et regardait Caïn. »

Cet œil qui poursuit Caïn, c'est sa culpabilité, enfant de son surmoi. Un surmoi constitué chez chacun d'entre nous dans le creuset de l'Oedipe, instance née de l'introjection et de l'agrégation des interdits formulés par les parents et des lois imposées par la société. Loi, interdits, limites. C'est notre surmoi qui nous permet de vivre en relative harmonie les uns avec les autres. Mais voilà, que se passe-t-il si le surmoi est défaillant ? Peut-il arriver qu'il n'y ait pas de surmoi ? Ou que celui-ci soit réduit à l'épaisseur du papier à cigarettes ?

Il y a deux possibilités pour que cela soit effectivement le cas. La première, c'est que les parents eux-mêmes soient défaillants et ne dessinent pas le cadre qui doit être introjecté par l'enfant. Celui-ci continue donc à vivre dans une toute-puissance qui le conduit à trouver normal de vouloir tout, tout de suite, et à n'importe quel prix. La deuxième possibilité (qui peut s'ajouter à la première), c'est que le cadre de la loi ne soit pas suffisamment clair. Il n'est donc pas, non plus, introjecté par le sujet qui considère la loi comme une simple ligne pointillée qu'il est loisible et même drôle de franchir quand bon lui semble.

Or, en admettant qu'à la suite d'un acte répréhensible, un individu doté de si peu de surmoi soit arrêté et jugé, en quoi les peines actuelles auraient-elles une valeur d'exemple ? Le surmoi n'a rien d'un récipient que l'on peut remplir à souhait. Il n'est pas fait d'un matériau que l'on peut modeler à tout âge. Même si cela choque certains lecteurs, il faut dire qu'il est des individus mal construits et qui demeureront a-sociaux. Tant que de doux rêveurs continueront de prôner la plus grande tolérance et de croire béatement à une possible resocialisation, la majorité des citoyens vivra mal, car à la merci quotidienne de ces cailloux dans la machine sociale.

Faisons une petite démonstration. Remplissez d'eau un sac en plastique que vous posez dans une main tandis que l'autre main tient le sac en suspension et se déplace doucement pour modifier la forme du sac. Voici une illustration de ce qu'est aujourd'hui, dans notre société, la manifestation de la limite entre les droits et les devoirs, entre les libertés et les interdits. Certes, il existe bien une limite : le dedans et le dehors ne se mélangent pas. Et pourtant, les choses se déplacent, il n'y a pas de point fixe, de repère stable. On peut me répondre que ce n'est pas plus mal, qu'il faut de la souplesse, de l'adaptabilité. Je réponds qu'il y a un temps pour tout. Il y a un temps où la société peut tolérer une dose de souplesse, et il y a un temps où la notion de limite et de contour doit être affirmée avec force et clarté.

Avec cette illustration-là des droits et des devoirs, on se rend bien compte qu'il suffit d'un rien pour que les territoires s'entrechoquent, empiètent l'un sur l'autre, que l'un l'emporte aux dépens de l'autre. Bref, que ne soient pas respectées ces deux règles fondamentales de la vie en société : premièrement, la liberté de l'un s'arrête là où commence celle de l'autre. Deuxièmement, la liberté de tous s'arrête aux frontières fixées par la loi. Autrement dit, mes droits s'arrêtent là où commencent mes devoirs. Or, aujourd'hui, cette règle n'existe plus. Alors, c'est toute une société qui se délite parce que sans cadres, sans tuteurs, sans enveloppe, sans contenant solide, le contenu s'effondre.

Une précision : quand je dis que cette règle n'existe plus, je veux dire qu'elle n'est plus affirmée ni même démontrée. Ni dans la police, ni dans la justice, ni dans l'éducation. Je cherche en vain les champs de la vie sociale dans lesquels il pourrait y avoir une exception à ce que je viens de souligner. Je n'en trouve pas, tant ce cadre mou commence devant la porte de chacun de nous.

Maintenant, imaginons une autre vision, une autre conception de la notion de limite. Prenez un vase en verre ou en plastique, un vase de forme carrée ou rectangulaire, et remplissez-le d'eau. Voilà ce qui s'appelle un cadre. La limite entre la matière du dedans et celle du dehors est claire. On ne peut pas ne pas la voir. Il y a un dedans et un dehors. Si la délimitation était une barrière électrique, la moindre tentative de franchissement serait aussitôt punie d'une sacrée décharge. Le message serait clair : tu restes à ta place, sinon gare !

Sinon quoi ? Voilà le deuxième écueil. Non seulement notre société a perdu ses cadres, a vu se déliter la plupart des contours et des limites, mais elle a en outre abandonné une grande partie de sa responsabilité dans le fait de faire respecter ces limites. Pour le dire d'une façon plus crue : pour faire appliquer la loi. Pour que la responsabilité soit le pendant normal de la liberté. Pour que toute transgression soit assortie d'une peine conséquente : la castration.

Faire appliquer la loi, dire la limite, punir le franchissement, pour tous et d'une façon égale, quels que soient le statut, la religion, la couleur de peau, le pouvoir personnel, les amitiés de toutes sortes. Car injustice et impunité laissent une rancoeur, une amertume, une colère qui s'accumulent et font un jour déraper la société, soit dans ses actes, soit dans ses choix.

Le temps d'une psychanalyse est donc aussi, pour certains analysants, le temps pendant lequel la conscience d'un cadre va pouvoir se développer, et avec elle, la nécessité de respecter ce cadre. George Bernard Shaw disait *« Liberté implique responsabilité. C'est pourquoi tant d'hommes la redoutent. »* L'analyste doit occuper la double place de celui qui permet le dévoilement d'une plus grande liberté possible, en même temps qu'il rappelle les limites de cette liberté à travers le respect du cadre de l'analyse.

Certains lecteurs peuvent se demander de quelles façons concrètes peut se manifester ce cadre. Nous pouvons bien sûr évoquer la totale liberté de parole, le non passage à l'acte, ni sur l'analysant lui-même ni sur l'analyste, le respect des rendez-vous, le respect du soin que l'analysant prend de lui, etc. Parmi ces engagements, j'en ajouterai un autre, qui fait toujours couler beaucoup d'encre et de salive tant il est mal compris. Dans une ancienne causerie, j'avais insisté sur la nécessité de rappeler d'une façon stricte et sans équivoque à un analysant la règle du contrat concernant le règlement des séances. L'exemple que je donnais était celui d'un patient qui, du jour au lendemain et sans prévenir, n'honorerait plus ses rendez-vous, et qui au bout de plusieurs mois, demanderait à reprendre son analyse. Eh bien, l'analyse ne pourrait reprendre selon moi qu'après que l'analysant ait réglé sa dette. Celle-ci ne s'élève bien évidemment pas au montant du nombre de séances non honorées entre la disparition et le retour. En revanche, le contrat sur lequel il me paraît important de demander un engagement stipule que si un patient ne vient pas à son rendez-vous, le montant de la séance sera dû ; que s'il ne vient pas à une deuxième séance, le montant de cette deuxième séance sera dû également ; enfin que si le patient ne vient pas à une troisième séance, le montant de celle-ci sera dû et le contrat sera rompu. Si le sujet vient donc à solliciter la reprise de son analyse plusieurs mois ou années plus tard, il devra d'abord s'acquitter de sa dette, c'est-à-dire régler le montant des trois séances dues.

Rappel à la politesse qui doit prévaloir au bien-vivre ensemble, prise de conscience de certaines limites, acceptation progressive du poids des responsabilités qui accompagnent inévitablement le gain de liberté, ce sont là quelques unes des fonctions du rappel de la dette.

*

CLINIQUE PSYCHANALYTIQUE

D'hier à aujourd'hui

Presque 85 ans après la mort de Freud, et 40 ans après celle de Lacan, qu'est-ce qui a bougé dans la clinique en psychanalyse ? Comment l'analyse a-t-elle évolué, en plus d'un siècle ? Qu'est-ce qui n'a pas changé ? Qu'est-ce qui a changé ? Et qu'est-ce qui continue de changer ?

Ce qui n'a pas changé : une relecture de la vie

L'expérience clinique de tous les analystes, de même que les changements profonds de nos sociétés font indéniablement évoluer la psychanalyse. En revanche, ce qui ne change pas, c'est que chaque cure est toujours unique, singulière. Le savoir qui apparaît peu à peu à l'analysant, à l'image du papier photo plongé dans le révélateur, provient de cette lente et laborieuse relecture de la vie dans son versant inconscient. Tout ce que les sens d'un sujet ont gravé en lui, tout ce que les générations précédentes lui ont transmis, tout ce qui a marqué le parcours de son histoire, nuages sombres ou éclaircies. Au fil des associations libres, cette relecture dessine peu à peu ce que l'on pourrait appeler le destin, et qu'Albert Camus définissait comme la somme de tous les choix d'une vie.

Du côté de l'analyste, ce qui ne change pas non plus, c'est ce dépouillement de tout savoir préalable à chaque nouvelle analyse. Le fait d'aborder chaque cure comme un continent inconnu, inexploré, absent de toutes les cartes de géographie. Une espèce de fraîcheur qui laisse toute la place à l'inattendu et fait du savoir quelque chose à advenir, pas à pas, mot à mot et silence après silence.

Ce qui n'a pas non plus changé, c'est que l'analyse n'apporte toujours pas de réponses. Et heureusement ! car, dans notre monde, nous croulons sous les réponses. Il y a des réponses à tout. Un téléphone, un clavier, un écran, et voilà que se déverse sur nous une masse d'informations, vraies ou fausses. Ce n'est toujours pas la fonction de l'analyse d'apporter des réponses. Elle met en question, et c'est déjà beaucoup.

Ce qui n'a pas changé : pessimisme ou réalisme ?

Une des critiques faites à Freud est d'avoir créé une technique conduisant à un profond pessimisme. Or, quand on lit Freud jusque dans les tout derniers écrits de sa vie, ce n'est pas le pessimisme qui ressort. Freud est un homme joyeux, qui adore raconter des blagues à ses collègues. Il aime la vie, les gens, les rencontres, les échanges. Mais il est profondément réaliste. Il regarde le monde tel qu'il va, d'une façon très crue, sans fard. Tout au long de sa vie, il se défait peu à peu de toutes ses illusions. De la même façon, toute psychanalyse suffisamment poussée nous conduit à nous défaire de nos illusions. Et cela ne fait pas de l'analysé un pessimiste mais simplement un sujet se regardant, regardant les autres et le monde avec lucidité, sans concessions. Freud disait d'ailleurs avec justesse : *« La psychanalyse remplace la souffrance névrotique par le malheur ordinaire. »* Je trouve la formule particulièrement pertinente. La psychanalyse ne fait que mettre en lumière tout le tragique de la condition humaine.

Ce qui n'a pas changé : le risque du kidnapping

Freud disait que les deux périls qui menaçaient l'analyse, c'était d'être récupérée par la médecine et par la religion. Heureusement, jusqu'à ce jour, elle a su éviter ce kidnapping, et il faut veiller à ce que cela continue.

Si l'on pense tout d'abord la psychanalyse comme une forme de psychothérapie, alors cela signifie qu'elle peut être considérée comme appartenant au champ de la médecine. Seulement, l'analyse n'a rien à voir avec un savoir, ni avec un savoir-faire comme en médecine. Qui plus est, il n'y a pas d'indications de l'analyse au sens médical, alors qu'il en existe pour chaque discipline du champ médical. Donc, non, la psychanalyse n'a rien à voir avec le champ de la médecine.

Quant à la religion, nous l'avons échappé belle. Il faut tout de même se souvenir que, dans les années 80, l'analyse a eu très fortement tendance à se constituer comme une sorte de religion, pour ne pas dire de secte, dotée de dogmes et même de son langage propre. Cela reste et restera une croyance ou une tendance à éliminer, en tout cas à propos de laquelle il faut toujours demeurer attentif. L'analyse n'est en rien une promesse de révélation de quoi que ce soit, qu'on se le dise.

Ce qui n'a pas changé : le rapport à la loi

Souvent, en supervision avec des non-analystes ou avec des étudiants en psychologie, on me demande ce que signifie le concept de loi en psychanalyse. Je crois que, pour éclairer la chose, il faut d'abord dire que la loi, ce n'est pas l'État. Je veux dire l'État dans lequel on vit, le gouvernement, l'ensemble des lois et des règles qui régissent la société dans laquelle on évolue. Le rapport d'un sujet à la loi se situe ailleurs : dans l'enfance, et dans le rapport que le sujet a eu avec le père.

Si un père ne peut faire autrement que de s'identifier avec la loi de l'État, de n'être que la copie de la loi de l'État, c'est comme s'il se réfugiait derrière le paravent de cette loi. Et donc, il abandonne sa part personnelle de responsabilité, la façon singulière dont il doit occuper sa place au sein de la famille et au sein de la société. S'il abandonne cela, alors il abandonne une fonction essentielle vis-à-vis de ses enfants.

Lorsque c'est le cas, ou lorsque cela a été le cas, que se passe-t-il alors en analyse avec ces enfants ? Ou avec ces enfants devenus adultes ? Le rôle du psychanalyste ne consiste pas à combler une quelconque défaillance paternelle. L'analyste n'a pas à se substituer au père, à conseiller comme un éducateur qui devrait intervenir dans les moments difficiles de la vie de son enfant. S'il agissait ainsi, comme dans une espèce de *reparentage*, il serait plutôt générateur de névroses et de psychoses plutôt que capable de permettre à l'analysant de guérir de ces névroses ou psychoses.

Je sais bien qu'il est arrivé plus d'une fois à Freud d'évoquer quelque chose comme une forme de rééducation de l'analysant. Seulement, la psychanalyse, ce n'est pas un reparentage, ce n'est pas une intervention salvatrice après une faillite familiale ou religieuse. Si elle le devenait, alors ce ne serait plus qu'une organisation de plus, et elle perdrait toute sa spécificité.

Ce qui ne change pas : le corps est toujours présent au cours d'une analyse

La première patiente que Freud présente dans *Les études sur l'hystérie* s'appelle Emmy Von N. Elle est restée dans l'histoire comme l'illustration exemplaire de la façon dont Freud travaille à cette époque avec ses patients et surtout de la façon dont il les écoute et les prend au mot.

Emmy von N. est âgée d'une quarantaine d'années lorsqu'elle entame sa thérapie. Lors de sa première consultation, elle fournit à Freud une indication capitale pour l'établissement du futur cadre de la cure analytique. *« Ne bougez pas, ne dites rien, ne me touchez pas »*, s'écrie-t-elle. A une époque où le traitement des patientes se résume à des bains chauds et des massages, l'exclamation d'Emmy von N. va trouver une place toute particulière parmi les messages que Freud saura accueillir plus ou moins consciemment de la part de ses patients. Et c'est du cheminement intérieur de tous ces messages que va émerger progressivement la nouvelle méthode de traitement de Freud.

En effet, le récit que fait sous hypnose Emmy von N. de ses peurs délirantes et de ses hallucinations révèle peu à peu les origines de ces symptômes. Il devient le support et la trame d'une relation thérapeutique dans laquelle, peu à peu, la patiente se décharge, se libère de ses souvenirs pathogènes. C'est la naissance de la méthode cathartique.

La catharsis, expression empruntée à Aristote, désignait la décharge émotionnelle collective vécue par les Athéniens assistant aux représentations des grandes tragédies grecques.

La catharsis n'avait alors rien de nouveau. On connaissait déjà le recours à de telles décharges émotionnelles dans la plupart des thérapeutiques primitives, dans les exorcismes religieux, les rituels magiques, les rites de passage. On les recherchait, on les suscitait, on les provoquait parfois violemment. La nouveauté, c'est que Freud et Breuer vont enrichir la notion de catharsis par celle d'abréaction. Par abréaction, il faut entendre la quantité d'affects liés à un trauma et qui n'a pu être exprimée, évacuée au moment du vécu de ce trauma. Ces affects se retrouvent donc bloqués, comme enkystés. C'est cette situation qui est à l'origine du symptôme pathologique. La condition de la guérison, c'est-à-dire de la disparition durable des troubles pathologiques, va donc résider dans l'évacuation, l'abréaction de ces kystes émotionnels, soit d'une façon spontanée, soit sous l'effet de la méthode thérapeutique utilisée.

La méthode, justement ! Freud remarque rapidement que cet effet d'abréaction peut être obtenu en dehors de tout recours à la mise en hypnose de la patiente. Par exemple au cours de la conversation à bâtons rompus qui accompagne les massages de sa malade. Voilà comment, petit à petit, la méthode s'affine, parallèlement à la réflexion théorique de Freud. Et lorsque Emmy von N. demande au maître viennois de cesser de l'interrompre avec des questions et de la laisser parler librement, Freud en tire les conclusions qui s'imposent. La conclusion, c'est que la parole devient l'essentiel du traitement, au détriment de l'état de crise émotionnelle qui se montre de moins en moins nécessaire.

Attention toutefois de ne pas aller trop vite ! Certes, la psychanalyse a abandonné l'hypnose. Il ne faudrait cependant pas pour autant adhérer à l'idée reçue - et totalement erronée -, selon laquelle le corps ne serait pas en jeu dans une cure analytique. Sauf à être accompagné par un psy distant, silencieux, glacial, et qui userait d'une orthodoxie mal digérée comme d'un mécanisme de défense personnel, l'analyse ne saurait être comprise comme un exercice cérébral. Ceux qui ont vraiment vécu une analyse savent combien ça bouge dans les tripes. Combien l'angoisse s'empare parfois du corps et nous emporte, en dehors de tout aspect réflexif. La catharsis n'a donc pas disparu avec l'hypnose. Elle est toujours présente au cours d'une analyse, et la plupart du temps surprend l'analysant d'une façon inattendue et très bousculante. Simplement, elle n'est plus recherchée à tout prix, elle n'est pas suscitée par l'analyste. Celui-ci laisse au contraire au patient le temps nécessaire pour que les kystes s'ouvrent en temps et en heure, c'est-à-dire au moment où la chose peut se faire spontanément, sous les auspices des instances de l'analysant.

Ce qui change : adaptation ou subversion ?

Ce qui a changé à mon sens dans la clinique, c'est d'abord une affirmation encore plus forte de la fonction subversive de la psychanalyse. Dès sa naissance en effet, l'analyse a affirmé cette fonction naturelle qui est à l'opposé d'une adaptabilité toujours prônée et souhaitée par la société. Remontez un siècle en arrière. Comment pouvait-on accepter de se plier aux contraintes, notamment sexuelles, de l'époque ? Comment vivre avec ces carcans moraux, religieux, imposés par la majorité et qui freinaient, réduisaient, enfermaient le sujet dans une place si chiche que la vie toute entière s'en trouvait souvent étouffée ? La psychanalyse a libéré nombre de personnes parce qu'elle leur a permis de trouver la clarté, la force, l'audace, le désir d'être soi, unique, singulier, de l'assumer et de vivre cette singularité.

On comprend donc que la psychanalyse, sauf pour celles et ceux qui n'y ont rien compris, n'a jamais eu et n'a toujours pas pour fonction d'orienter, de suggérer, de normaliser ou de redresser. Son but n'a jamais été d'obtenir l'adaptation du sujet à la société, même si la société aimerait bien que cela soit le cas. Il y a toujours dans une société quelque chose qu'un sujet ne peut pas accepter, j'ai envie de dire qu'il ne doit pas accepter. C'est en cela que l'on peut dire de la psychanalyse qu'elle est subversive et non pas adaptative.

Elle n'est pas adaptative dans le sens où son ambition n'est pas de rapprocher un individu singulier d'une norme, c'est-à-dire de choix, de comportements, d'opinions qui seraient dominants dans un contexte spatial et temporel. Si un individu singulier ayant des difficultés à vivre sa singularité entreprend une analyse, ce n'est que très rarement pour se débarrasser de ce qui fait sa différence d'avec la majorité. C'est la plupart du temps pour assumer cette différence et la vivre avec le plus de légèreté possible. On comprend dès lors pourquoi, plus un régime est totalitaire et normalisant, plus ce régime cherchera à combattre la psychanalyse. L'histoire nous en dit suffisamment sur le sujet.

Mais alors, en quoi la psychanalyse est-elle encore plus subversive aujourd'hui ? La sexualité a pourtant trouvé un terreau lui permettant de s'épanouir. Les libertés de l'individu sont plus grandes que celles qui lui étaient accordées il y a un siècle. Alors quoi ? Alors, d'autres cadres sont venus remplacer les anciens. D'autres enfermements, d'autres peurs. En matière de santé psychique, voyez comme le DSM découpe le sujet en rondelles au lieu de le considérer dans son unicité. Voyez comment la clinique du sujet singulier est peu à peu écrasée, médicalement et médiatiquement, par une clinique des troubles. Comment toute souffrance se trouve psychiatrisée. Comment tous les franchissements nécessaires à la maturation d'un sujet sont éliminés au profit d'un assistanat narcotique. Tout ce qui fait différence appelle un nivellement. Tout ce qui dépasse doit être étêté. Tout ce qui n'est pas habituel doit être normalisé. Ce déni du sujet est tout aussi insupportable aujourd'hui qu'il l'était il y a un siècle à cause d'autres carcans. Car sont toujours présentes l'idéologie de la norme et la volonté de correction de la déviance. La déviance devant la plupart du temps être entendue comme simple différence d'avec ce qui caractérise le plus grand nombre.

Qui plus est, il y a dans les modes de vie, dans les choix du quotidien de toutes sortes, une immense illusion de liberté, et c'est contre cette illusion que l'analyse permet au sujet étouffé de s'élever. Non, il n'y a pas de liberté à se croire libre et différent parce que l'on adopte tel code vestimentaire, alimentaire, politique ou autre. La liberté est ailleurs. Elle est dans les pistes non encore ouvertes, dans les terrains non encore défrichés. Elle est là où n'est pas la soi-disant liberté, vêtue d'habits trop criards.

Cette affirmation plus présente du caractère subversif de la psychanalyse possède évidemment ses degrés. Tous les analysants ne deviennent pas des marginaux, des révolutionnaires, ni des phares de la différence. Mais de plus en plus souvent, ils trouvent à la vie davantage de saveur parce qu'ils s'inscrivent dans cette vie d'une façon différente, parce qu'ils se démarquent de la norme, non par simple opposition, non pas forcément avec le désir de transformer la société, mais par des choix plus respectueux d'eux-mêmes, de leurs enfants, de l'autre en général, et de la planète sur laquelle ils vivent.

Ce qui change : structures et symptômes

Si vous avez déjà suivi une partie de mes séquences video sur le thème de l'analyse, vous m'aurez déjà entendu dire que la psychanalyse n'est pas un bloc de marbre et qu'elle n'a cessé d'évoluer depuis sa naissance. Elle évolue parce que l'humain lui-même n'est pas un bloc de marbre, parce que les sociétés évoluent. Il est donc naturel que deux éléments fondamentaux subissent également des bouleversements parfois profonds : ce sont les structures et les symptômes.

J'ai déjà précisé plus haut que, sans avoir tout à fait disparu, les structures classiques ne se présentent plus aujourd'hui avec la même fréquence ni avec la même pureté. Elles se sont en quelque sorte adaptées aux évolutions sociales, elles les ont accompagnées. Si je prends l'exemple de l'hystérie, très rares sont désormais les tableaux des crises spectaculaires d'il y a un siècle. La structure hystérique a épousé des formes d'expressions pathologiques plus acceptables, culturellement parlant. Certes, le corps de l'hystérique est toujours un corps parlant, mais c'est comme s'il avait adopté un nouveau langage, plus discret si l'on peut dire.

Il y a donc à l'évidence une plasticité des structures qui les conduit à traverser le temps en se moulant à des tableaux cliniques socialement et culturellement plus acceptables.

Et puis, il y a ces nouveaux continents, ces états-limites entre névrose et psychose, ces narcissismes exacerbés, ces territoires sauvages dans lesquels s'épanouissent tous les visages de la perversion, tout ce qui relève d'une fixation ou d'une régression à l'infantile. Ne cherchons plus les adultes matures, cadrants, protecteurs et sécurisants ! Ne cherchons plus les modèles à grandir sur lesquels s'appuyer en confiance ! La clinique psychanalytique révèle aujourd'hui des tombereaux de positions totalement immatures. Permettez-moi de laisser la parole à André Green :

« A l'époque de Freud, la clinique centrée sur la psychopathologie de l'époque révélait essentiellement de la névrose, dont l'hystérie... Aujourd'hui, et en quelques années, le décor n'est plus le même. Les règnes des névroses obsessionnelles, des états limites et des psychoses battent leur plein... Ici nous ne sommes plus au niveau de la maturation vers l'adulte sexué, mais dans l'infantile, bien caché sous des apparences d'adultes. L'infantile, c'est moi, moi, moi je fais ce que je veux, comme je veux, avec qui je veux, quand je veux, avec les moyens et un corps d'adulte... »

Si les structures et les symptômes évoluent, cela conduit bien évidemment l'analyste à bouger, lui aussi, à se positionner différemment. Parfois, il ne peut plus se contenter d'un travail de remémoration de la part de l'analysant. Il ne peut plus être seulement celui qui attend que ça vienne, dans le silence. Puisque la névrose est caractérisée par la répétition, on comprend qu'il faille parfois être plus actif, aider l'analysant à sortir des ornières dans lesquelles il est embourbé, l'aider à découvrir de nouvelles voies, de nouvelles possibilités qu'il n'a pas encore exploitées, soit parce qu'il ne les a pas connues au cours de son éducation, soit parce que ses expériences de vie ne lui ont pas permis de les découvrir.

Si l'on accepte le constat selon lequel les responsables les plus évidents des tableaux qui évoquent l'infantile sont la disparition des cadres et celle des rites de passage, alors, peut-être bien davantage qu'auparavant, l'analyse va se présenter à l'analysant comme un parcours offrant toute une série de seuils, de franchissements nécessaires. Des franchissements qui viendront scander le temps de l'analyse et pallier la disparition des rites de passage. A chaque seuil, à chaque nouvelle étape, un certain nombre d'illusions vont chuter et pousser l'analysant vers un peu plus de maturité.

Cependant, encore faut-il qu'il souffre, cet analysant ! Encore faut-il que sa vie lui soit insupportable, quels que soient les symptômes qui l'invalident, pour qu'il pousse la porte du psychanalyste.

Encore faut-il que, dans son illusion de toute-puissance, il se cogne enfin au réel et ressente de la frustration, de la colère, et au final de l'impuissance. La plupart du temps, il aura commencé par écouter les sirènes de toutes les voies faciles, brèves, low cost, à la mode, étincelantes de paillettes prometteuses. Et lorsque, finalement déçu, il aura toujours pour compagne la même souffrance, il se décidera parfois à s'engager dans la voie la plus ardue, celle de l'analyse. Ce sera alors le rôle de son guide de haute montagne de mettre en place un cadre à la fois strict et sécurisant, qui lui permettra de s'affranchir peu à peu de l'enfance, et de grandir.

Ce qui change : l'explosion de la perversion

Un jour, au cours d'une interview, on m'a demandé : croyez-vous qu'il existe un plan pour crétiniser les gens ? Ceux qui me connaissent savent que je suis loin d'adhérer aux théories du complot. Alors, très clairement, j'ai répondu non, je ne crois pas à un plan occulte destiné à rendre les gens tarés. En revanche, ce que je crois, c'est que de nombreux éléments, des éléments suffisants sont désormais réunis pour tirer les gens vers le bas et leur enlever ce qui fait une des plus grandes richesses du sujet : la réflexion, le sens critique, l'évaluation, le recul, le jugement fondé sur des faits étayés. Tout cela est en train d'être érodé, voire dynamité pour laisser la place à une croyance en l'évidence de ce qui est dit, montré, affirmé. Or, faire croire à quelque chose, c'est facile. Et c'est d'autant plus facile quand le filtre de l'esprit critique n'est plus là pour jouer son rôle de veilleur.

Faire croire à quoi ? Prenons un exemple, hélas quotidien : la substitution du talent par la notoriété. Qu’est-ce que c’est, le talent ? C'est une aptitude particulière à faire quelque chose de singulier, une capacité remarquable. Il faut du talent pour concevoir une cathédrale, peindre un clair-obscur flamand, composer une symphonie qui enflamme et touche au plus intime de nous, il faut du talent pour écrire une phrase si éclairante qu'elle traverse les siècles. À juste titre, vous pouvez me répondre que tout le monde ne peut construire une cathédrale ou composer une symphonie. C’est justement ce qui fait la rareté du talent. Mais si vous voulez que nous ayons une vision plus abordable du talent, je dirai qu’il faut du talent pour réaliser une figure parfaite de patinage ou de gymnastique. Donc, non, le talent n’est pas donné à tout le monde. Seulement, à partir du moment où l’on crée la confusion entre talent et notoriété, on fait croire que tout le monde peut avoir du talent. Or, si le talent peut conduire à la notoriété, la notoriété n’est nullement synonyme de talent. C’est par cette confusion que l’on propose au public des modèles qui tirent vers le bas. C’est à cause d’elle que lecteurs et téléspectateurs voient la notoriété comme un moyen d’avoir du pouvoir, puisque les modèles en la matière se permettent n'importe quoi. Là, nous pataugeons de plus en plus dans la perversion.

Ce qui change : davantage de complots, davantage de paranoïa

Il y a plus d'un siècle, Sigmund Freud décryptait le mécanisme qui est à l'œuvre dans la paranoïa. Depuis, le cas clinique du Président Schreber est devenu un classique du genre. Si la projection compte parmi les mécanismes de défense les plus fréquents chez la plupart d'entre nous, c'est le degré de recours à ce mécanisme qui dessine la frontière entre normalité et pathologie. Il est ainsi devenu banal d'entendre, tant dans les discussions de café du commerce que dans les débats politiques, des retournements du genre :

- *Quelle agressivité !*
- *Comment ça « quelle agressivité », mais c'est vous qui êtes agressif !*

Cet exemple des plus banals n'entraîne pas trop de conséquences néfastes sinon l'exacerbation de la colère des débateurs ou l'instillation du doute chez des personnalités influençables. À titre d'exemple tiré de l'actualité, je pourrais citer les réactions épidermiques des chasseurs, lorsqu'ils se disent persécutés par les citoyens opposés à la chasse.

Déceler ce mécanisme, lorsqu'un individu ou un groupe y a recours, est relativement aisé si notre esprit critique fonctionne correctement.

Là où les choses se corsent, c'est lorsque la paranoïa colore, d'une façon systématique, toutes les réactions de l'individu, sans qu'un quelconque jugement rationnel vienne les tempérer. Exemples : l'intégrisme dans les croyances religieuses, ou encore l'homophobie, qu'ils soient exprimés par une personne, par un groupe, voire par une nation. Dans ce cas, qui relève de la pathologie, il existe une idée obsédante, une conviction qui sert de défense au doute et au risque de voir s'écrouler la croyance que l'on défend avec ferveur, avec agressivité, ou avec haine. C'est ainsi que chez l'homophobe, plus la haine est virulente et plus elle révèle la fragilité du refoulement d'une homosexualité qui ne peut être assumée, ni même reconnue. Chez l'intégriste religieux, l'autre (le différent) représente le danger d'une mise en doute de sa croyance. Dans ce cas, tout argument rationnel sera repoussé avec force et considéré comme impie.

Bref, dans tous les cas, on observe la stigmatisation d'un comportement, d'un choix de vie, d'une forme de pensée, d'une orientation politique, religieuse, sexuelle ou autre qui crée chez le paranoïaque une terreur telle qu'il est contraint d'entrer en guerre contre cette chose innommable qui risquerait de révéler une part cachée de lui-même.

C'est également le mécanisme de la paranoïa qui est à l'oeuvre dans ce que l'on appelle les théories du complot. L'affirmation de l'existence d'un complot, l'interprétation de la réalité dans le sens de l'existence du complot, la démonstration à l'aide d'arguments parfois insensés, et bien évidemment la désignation du responsable du complot sont les ultimes défenses d'un sujet qui cherche à se protéger d'une terreur profonde. Une horreur dont seule la croyance dans le complot peut le protéger. Mais le protéger seulement un instant, ce qui explique les obsessions du complot. L'adhésion à l'idée de complot représente en effet l'équivalent du TOC chez l'obsessionnel, à savoir le moyen de faire baisser le niveau de l'angoisse, mais juste un moment car le niveau de l'angoisse remonte vite et il est impératif de répéter le rituel pour à nouveau faire baisser le niveau de l'angoisse. Il en va de même chez l'adepte des théories du complot : il lui faut en permanence un complot à se mettre sous la dent.

Que se passe-t-il pour que l'adhésion à l'idée de complot apaise un temps l'angoisse ? Il faut impérativement qu'un responsable soit désigné. Si le responsable supposé demeure inconnu, l'angoisse remonte. Alors on l'invente, ce responsable, ce fauteur de troubles, on le déniche en fonction des angoisses du moment, à l'échelle locale, nationale, internationale, ou en fonction des problématiques de sa vie privée, de son environnement, de sa religion ou de sa couleur de peau. Le responsable désigné canalise l'angoisse, il en est l'accroche, le prétexte, le porte-manteau. Il met en lumière ce qui va permettre d'expliquer et d'exorciser l'angoisse.

Ces boucs émissaires changent peu en fonction de l'histoire. On retrouve les mêmes figures de la peur qui génèrent les mêmes haines. Seulement aujourd'hui, à côté des figures traditionnelles, on trouve une notion nouvelle : ce qui est officiel. Si une institution, un organisme officiel, police, justice, gouvernement, etc... dit quelque chose, ce quelque chose est aussitôt mis en doute, voire nié et présenté comme outil d'un complot. Toute version officielle devient de fait et a priori mensongère et destinée à manipuler l'opinion.

Il est passionnant de démonter le mécanisme qui est à l'œuvre, de dévoiler les peurs, les complexes, l'angoisse qui régissent l'individu conduit à devenir adepte d'une théorie du complot. Il est triste de voir qui sont les instigateurs de ce genre de théories. Les esprits peu instruits, dénués de sens critique, sont des proies idéales et se laissent aisément engloutir dans ce piège à l'aide d'arguments prétendument rationnels et qui pourtant n'ont strictement rien de rationnel. Seule compte la mise en doute.

Il est enfin sinistre et combien plus dangereux de s'apercevoir que, de nos jours, le mécanisme de la paranoïa est parfois consciemment simulé et utilisé par des individus ou des groupes dans le but de prendre l'ascendant sur autrui, de le convaincre, de se prévaloir d'une supériorité incontestable. Détenteurs de LA vérité, ils enflamment et convainquent des personnes qui n'attendent que l'affirmation forte de cette pseudo-vérité pour apaiser leur angoisse.

*

FREUD, DAGERMAN, CAMUS

Au sujet des illusions

Il arrive que des personnes décident d'entreprendre une psychanalyse car elles ressentent un mal-être inexplicable, qui les fait parfois s'interroger en ces termes : *« Je ne comprends pas, j'ai tout pour être heureux et pourtant je ne le suis pas... »* Le cheminement analytique alors initié met la plupart du temps en lumière des croyances, des attachements, des certitudes assis sur un terrain que l'analysant pensait inébranlable. Et pourtant, ce terrain va se révéler si meuble ! Et chaque séance va contribuer à le fragiliser, à l'effriter jusqu'à son effondrement, entraînant dans ses décombres nombre d'illusions.

Ce sujet, celui des illusions, ne peut quitter l'esprit de l'analyste. Il est comme le décor de fond d'une scène de théâtre. Si l'on considère en effet l'analyse comme un long voyage en train, on conçoit aisément que le train s'arrête dans de très nombreuses gares. On comprend aussi que tous les voyageurs ne descendent pas à la même gare. Pour ma part, au-delà des discours très conventionnels sur la connaissance de soi, je pense que plus le train avance, et plus le sujet qui occupe la pensée de l'analysant est celui qui a trait aux illusions. Plus l'on s'enfonce dans le voyage, et plus grand est le nombre d'illusions qui chutent. Freud écrivait à ce sujet :

« Les illusions nous rendent le service de nous épargner des sentiments pénibles et de nous permettre d'éprouver à leur place des sentiments de satisfaction. Aussi devons-nous nous attendre à ce qu'elles en viennent un jour à se heurter contre la réalité, et le mieux que nous ayons à faire, c'est d'accepter leur destruction sans plaintes ni récriminations. »

Seulement, que se passe-t-il lorsque nous ne sommes pas en capacité d'accepter cette destruction progressive et inéluctable ? A la suite de Freud, laissons parler les mots de Stig Dagerman.

« Je suis dépourvu de foi et ne puis donc être heureux, car un homme qui risque de craindre que sa vie ne soit une errance absurde vers une mort certaine ne peut être heureux. Je n'ai reçu en héritage ni dieu ni point fixe sur la terre d'où je puisse attirer l'attention d'un dieu. On ne m'a pas non plus légué la fureur bien déguisée du sceptique, les ruses de Sioux du rationaliste ou la candeur ardente de l'athée. Je n'ose donc jeter la pierre ni à celle qui

croit en des choses qui ne m'inspirent que le doute, ni à celui qui cultive son doute comme si celui-ci n'était pas, lui aussi, entouré de ténèbres. Cette pierre m'atteindrait moi-même car je suis bien certain d'une chose : le besoin de consolation que connaît l'être humain est impossible à rassasier ».

Stig Dagerman est considéré comme un des plus grands écrivains suédois des années 40. Journaliste puis auteur à succès de nombreux romans, profondément dépressif, il s'est donné la mort en 1954, à l'âge de 31 ans.

Le sujet des illusions trouve de même à être évoqué dans le parallèle que l'on peut faire entre Sigmund Freud et Albert Camus, cette fois à travers le thème de l'absurde. L'absurdité de la condition humaine est en effet au coeur de la philosophie de Camus. Qu'elle se dévoile en filigrane ou sous une lumière crue, dans *L'Étranger* ou dans *La Peste*, elle souligne combien l'homme est toujours en quête de sens. Quête incessante que celle qui voudrait parvenir à trouver comment donner un sens au monde, à sa propre existence, donner un sens à nos actions. Or, le monde n'a pas de sens, à part celui de donner une fin à notre existence. C'est cela, l'absurde, c'est la rencontre brutale, la confrontation entre la quête de sens de l'homme et le non-sens du monde et de sa vie. C'est ce sentiment que Camus nous fait partager, ce moment où l'homme se cogne à l'absence de sens de son existence.

Comment réagir alors face à ce terrible constat ? Que faire ? Ce qui rapproche Freud et Camus, c'est plutôt : que faut-il ne pas faire en réaction à l'absurdité et à l'absence de sens. Ce qu'il ne faut pas faire selon eux, c'est se réfugier dans la religion ou dans une quelconque croyance irrationnelle. Ce qu'il ne faut pas faire, c'est mettre fin à ses jours. Autrement dit, ne pas fuir, ne pas chercher une évasion, un apaisement, un détournement d'attention qui ne serait… qu'une illusion !

Alors quoi ? Alors, qu'il s'agisse de Freud ou de Camus, la réponse c'est la lucidité. La lucidité sur le non-sens de la vie, le non-sens de sa propre existence. Ce que Camus appelle la révolte, et que l'on verrait dans l'analyse freudienne comme son volet subversif.

Lucidité donc, et aussi acceptation de l'absurdité de la vie et de son absence de sens. Ce couple lucidité et acceptation rapproche à l'évidence Freud et Camus des propos d'Epictète qui disait :
« Lorsque vous pouvez agir, lorsque vous avez une prise sur les choses, agissez. Lorsque vous n'avez aucune prise et que l'impuissance manifeste est là, devant vous, alors acceptez. »

Ce qui suit alors la prise de conscience de l'absurde, c'est la liberté. Liberté parce que nous cessons de croire qu'il y aurait un but à l'existence. Liberté parce que nous pouvons enfin vivre avec intensité, avec passion chaque instant, chaque expérience, sans avoir besoin d'aucune croyance ni d'aucun espoir pour imaginer une suite ou des raisons à cet ici et maintenant. En psychanalyse, c'est alors, enfin, l'extinction de la plainte.

*

LA TRAVERSÉE

Pour clore cet ouvrage, je voudrais évoquer ce qui, pour moi, est toujours présent dans une analyse suffisamment approfondie, ce moment très éprouvant pour l'analysant et qui marque un franchissement capital. Ce moment particulier, qui s'étale parfois sur un temps très long, je l'appelle la traversée.

La traversée n'est jamais calculée, envisagée, projetée, voulue ; elle survient, c'est ainsi. Un jour, elle est là, devant l'analysant, monstrueuse, immense, apparemment infranchissable. L'analyste, pour sa part, sait depuis le début que ce moment doit advenir, sans savoir encore si l'analysant sera en mesure de le vivre ou si, la plainte s'éternisant et faisant jouir d'un bénéfice non identifié, il évitera soigneusement de se confronter à l'épreuve.

Pour expliquer en quoi consiste la traversée, je commencerai par un constat. Lorsque l'on entre en analyse, c'est, parfois, parce que nous ressentons un manque, et souvent pour nous débarrasser de quelque chose. Il y a en effet, dans la vie d'un être en souffrance, un élément qui aliène, freine, réduit, alourdit, enchaîne. Celui-ci se voit la plupart du temps nommé comme étant une peur, une angoisse, un état de mal-être, une profonde tristesse, une humeur dépressive, une émotion négative… Bref, une chose qui encombre la vie quotidienne, s'invite comme une intruse, envahit l'esprit, fait trembler le corps. Un ennemi contre lequel il faut lutter sans cesse, avec lequel on joue à cache-cache en perdant la plupart du temps, que l'on s'efforce de tenir à distance ou d'oublier en détournant la tête, en portant son attention sur tout, n'importe quoi, pourvu que l'on n'y soit plus confronté ! Et la demande de l'analysant réside bien évidemment dans le fait de le débarrasser de ça.

L'objectif est clair : il s'agit de ne plus vivre avec ce qui fait mal, de le détruire, de lui déclarer une guerre totale avec le soutien de l'analyste et de la technique analytique.

Seulement, l'analyste ne répond pas à la demande. Alors quoi ? S'il l'analyste ne m'aide pas à sortir une artillerie plus lourde, à engager des troupes supplémentaires, à déclarer une guerre à mort à mon symptôme, comment vais-je réussir à me débarrasser de lui ? Plus l'analyse avance, et plus se dessine une autre façon de voir l'obstacle. Désormais, quelque chose d'inéluctable et de terrifiant se présente à l'analysant : la certitude que l'opposition et la force brute ne viendront pas à bout de l'adversaire. Pendant trop longtemps, l'analysant a vécu avec ce désir illusoire de se débarrasser de… Et tout son problème est là : il n'y a pas d'émotions négatives, il n'y a pas de tristesse, de peur ou de honte dont on puisse se défaire. L'issue se trouve dans la traversée.

Traverser l'angoisse, la peur, la honte, le chagrin, l'émotion négative ou tout ce que vous voulez, c'est cela, l'épreuve qui attend l'analysant. Cette traversée, j'ai toujours deux façons d'en parler. La première, c'est de la comparer à de la matière, une matière sombre, dont on pressent qu'elle est comme de la glaise, comme de la colle, une matière dans laquelle il nous faut nous engager en nous disant qu'il existe un au-delà à cette matière terrifiante. Nous ressentirons avec tout notre corps cette aspiration, cette rétention, cet emprisonnement, ce que l'on ressent quand nos pieds chaussés de bottes de caoutchouc s'enfoncent dans un sol de glaise et qu'il nous faut user de force pour nous en libérer, pour extirper la botte de la glaise qui l'aspire. Jusqu'à ce jour, nous avions vécu dans la mise à distance de cette masse immonde, et voilà que nous sommes appelés à la traverser !

Car comprenez-bien une chose : la traverser, entrer en contact charnel avec elle, c'est enfin véritablement la connaître, c'est ressentir sa caresse horrible sur notre peau, c'est sentir nos tripes tressaillir devant cette menace. Et par le fait même de la connaître enfin, c'est la vaincre de l'intérieur, découvrir enfin ce qu'elle est, sans plus seulement être le Don Quichotte se battant contre le déguisement sous lequel elle se présentait à nous.

Oui, la connaître désormais en la traversant. Et pas seulement car, pour reprendre les mots si justes de Juan David Nasio, se laisser aussi traverser par elle comme une lame. Elle est là, l'épreuve de la traversée, véritable rite de passage, voie de transmutation, franchissement libérateur.

La seconde image qu'il m'arrive d'utiliser pour illustrer cette épreuve, c'est celle du pont de singe. Imaginez-vous dans une jungle épaisse, étouffante de moiteur, ouvrant votre chemin à la machette, luttant contre les moustiques. Soudain, devant vous, un précipice profond au fond duquel court une rivière en furie. L'autre côté de l'abîme est bien visible mais pour y parvenir, il n'y a que ce pont de singe, fait de lianes pendouillantes et de planches si humides qu'elles se délitent chaque jour un peu plus. Pour aller de l'autre côté et continuer notre route, il faut traverser !

Et c'est à cet endroit, en ce point précis de l'analyse que l'analysant peut demeurer pétrifié, sidéré de peur, et se trouver un prétexte, n'importe lequel, pour prétendre que son analyse est terminée. Ce sera son choix, sur lequel l'analyste, évidemment, ne portera aucun jugement. Ou alors, l'analysant fera le choix de la traversée, et il vivra les oscillations terrifiantes des planches sous ses pieds, le vertige s'emparera de lui, les lianes lui glisseront parfois des doigts, son coeur battra à tout rompre dans sa poitrine, mais il persistera dans sa traversée et parviendra de l'autre côté.

Oui, elle est là, l'épreuve ultime, celle qui montre enfin une éclaircie dans le ciel de vie. En regardant derrière soi, dans l'après-coup de l'analyse, des regrets peuvent alors nous venir. Combien de temps et d'énergie perdus à tenir l'angoisse à distance ! Combien d'illusions dans ce désir de se débarrasser de… alors que l'on ne connaissait même pas l'adversaire ! Une phrase peut alors revenir à l'esprit : quand tu regardes l'abîme, l'abîme te regarde. Prends le temps de le regarder dans les yeux, va vers lui et laisse-le venir à toi. Et ensuite, regarde au-delà de l'abîme et fais le premier pas.

Cannes, décembre 2018-2023.

*

TABLE

*

www.ingramcontent.com/pod-product-compliance
Lightning Source LLC
LaVergne TN
LVHW010608160826
845677LV00013B/3308

* 9 7 8 2 9 5 6 2 0 5 3 4 0 *